焼 き 菓 子 コ ティ

街の小さなお菓子屋さんの
焼き菓子レシピ

小笠原朋子

NHK出版

はじめに

2008年4月に小さな焼き菓子のお店を
オープンさせました。

こんな
どこの誰だかわからない人間が始めた
焼き菓子のお店に来てくれる人など
果たしているのだろうか……

と思いながら。

おばあちゃんになっても
お菓子の仕事を続けていたい
という希望的願望。

それを実現するには
自分でお店を開くという選択肢しかありませんでした。

でも
自分のお店を持つということは
とてつもないことで……

選ばれた特殊な人だけがやることなのだ
自分には無縁なことなのだ……
と思っていたので

将来はお店を開くのが夢です!

なんて

本当に一度も言ったこともなければ
思ったこともありませんでした。

この道に入って修業真っただ中の
若かりし自分が
今の状況を知ったら
どれだけ驚くでしょうか。

もしかしたら
逃げ出すかも……

そして
たくさんのご縁に恵まれ
その信じられないほどの未来に
来てしまった気がします。

私が初めて一人でお菓子をつくったのは
たぶん小学2年生だったと思います。

そのお菓子とは……
「魔法のレモンパイ」です。
ネーミングがなかなかですよね……

子ども用のレシピ本なので
パイといってもパイ生地なんてつくりません。

クラッカーを砕いて底に敷き詰め
その上にレモンムースを流す……
簡単に言うとそんなお菓子です。

ところが
私はそのお菓子が好きではありませんでした。
好き嫌いが多い私には
ちょっと苦手なタイプだったのです。

家族のみんなは
おいしい、おいしいと
とても喜んで食べてくれました。

そのときの
「誰かが喜んでくれる幸せ」
という感覚を今でもはっきりと覚えています。
あのときの充実感……多幸感……
そこがスタートです。

大人になった私は
何か思いっきり頑張ったとき
ご褒美にスイーツを買うことはございません。

スイーツよりお酒……
スイーツより珍味……
子どものころから
お塩はなめることができても、
お砂糖はなめることができない

そんな嗜好の人間なのでお菓子づくりは完全に
食べてくれる「誰かのため」でした。

今でも
食べてくれる誰かに喜んでもらえるように……
という気持ちはずっと変わっておりません。

この本が出るにあたっての私の想いは

とにかく
つくることの楽しさを知ってもらいたい……

それがすべてです。

多少失敗しようが

うまく膨らまない……
形がきれいにできない……
焦げちゃった……

そんな
ささいなことは気にせず
手づくりの楽しさを
ぜひとも存分に満喫してください。

どんなにいびつでも
手づくりでしか味わうことのできない
おいしさが必ずあります。

それこそ
手づくりの特権です。

そして
少し慣れたら
違う味でつくってみたり……
種類を増やしてみたり……
自分なりのアレンジも楽しんでみてください。

さらに
世界が広がります。

そうなると
もう co-ttie というお店の必要性は
なくなってしまうかもしれませんね。

でも
それでもいいのです。

家族やお友達と
一緒につくる時間も

大切な人に
食べて喜んでもらえる瞬間も

全部全部
手づくりならではのことなのです。

この本が
そんな愛しい「時」
のお役に立てれば……
と願っております。

焼き菓子 co-ttie（コティ）オーナーパティシエ
小笠原朋子

焼き菓子 co-ttie（コティ）
東京都武蔵野市西久保 2-25-15
（JR三鷹駅北口徒歩12分）

TEL 0422-55-5422
（受付時間 12:00〜18:00）
ホームページ https://www.co-ttie.com

営業時間 12:00〜18:00
店休日　月・木・第3日曜
（店休日が祝日の場合は営業、翌日休み）
夏季・年末年始休業あり

もくじ

コティの
スペシャリテ

この本の使い方
- この本で使用している計量カップは200㎖、計量スプーンは大さじ1＝15㎖、小さじ1＝5㎖です。1㎖は1ccです。
- 材料表下のエネルギーは、およその全量または1コ分の数値です。時間はおよその調理時間です。
- オーブン、電子レンジ、ハンドミキサーなどの調理器具は、各メーカーの使用説明書などをよくお読みのうえ、正しくお使いください。
- オーブンの温度と焼き時間は、家庭用の電気オーブンでの目安です。機種によって異なりますので、様子を見ながら加減してください。
- オーブンから取り出すときや型を外すときは、やけどをしないように、鍋つかみやオーブンミトン、布巾を使ってください。
- 電子レンジは、金属および金属製の部分がある容器や非耐熱性ガラスの容器、漆器、耐熱温度が140℃未満の樹脂製容器、木・竹・紙製品などを使うと故障や事故の原因になることがありますのでご注意ください。本文中で表示した調理時間は600Wのものです。500Wの場合は約1.2倍、700Wの場合は約0.8倍にしてください。
- この本で使用する果物は、特にことわりのない場合、水で洗い、水けを拭いて調理してください。
- アルコールが含まれるものがあります。子どもやお酒に弱い人は避けてください。
- はちみつが含まれるものがあります。1歳未満の乳児には与えないでください。

きほんの焼き菓子

お菓子づくりが初めてでも慣れていなくても、

やさしく楽しくチャレンジできる焼き菓子を、

コティにあるもの、ないもの織り交ぜて紹介します。

いずれも、おいしくできる、私の自信作。

コティのラインナップからは人気メニューを

味はそのままに、よりつくりやすいレシピでお届けします。

コティの店頭に並ばないものは……、

大きな声では言えませんが、ここだけの話。

この本を手にとって「つくってみよう!」と思ってくれた、

読者の皆様だけの特権です(お店では手に入らないのですから)。

コティの味を、存分にお楽しみください。

フィナンシェ

フィナンシェは、コティの看板商品の一つで、
お店のオープン当初から、たくさんのお客様に愛され続けてきました。
材料を混ぜて焼くだけなので、初心者の方にもつくりやすいお菓子。
ベストなコクと味わいを出すために、甘味料を3種類混ぜるのが私のレシピの特徴です。
お店ではオーバル型で焼きますが、一般的なフィナンシェ型を使ってご紹介します。

材料（8.5×4.5×高さ1.2cmのフィナンシェ型9コ分）

卵白 … （L）2コ分（80g）

三温糖 … 40g

きび糖 … 30g

はちみつ … 小さじ⅓（約2g）

A │ アーモンドパウダー … 35g
　│ 薄力粉 … 20g

バター（食塩不使用／生地用）… 65g

バター（食塩不使用／型用）… 適量

［1コ分120kcal　調理時間25分（冷ます時間は除く）］

つくる前にしておくこと

・型用のバターは常温に戻して柔らかくし、型に薄く
　塗っておく。

・Aは合わせてふるっておく。

・オーブンは180℃に温めておく。

1

ボウルに卵白、三温糖、きび糖、はちみつを入れ、泡立て器でグルグルとよく混ぜ合わせる。

5

<u>4</u>の焦がしバターが熱いうちに、<u>2</u>に少しずつ加えて泡立て器でグルグルと混ぜ合わせる。

2

全体がよく混ざったら、ふるっておいた A を加え、粉っぽさがなくなるまでグルグルと混ぜ合わせる。

3

鍋に生地用のバターを入れ、弱めの中火にかける。全体が溶けたら、鍋を揺すりながら加熱する。そのうちブクブク泡立ってくるが、そのまま加熱する。

4

3 のバターの泡が大きくなって茶色く色づいたら、すぐに火から下ろす（焦がしバター）。

焼く

6

バターを塗った型を天板に並べ、5 をスプーンなどで等分にすくい入れる。180℃のオーブンで8分間焼く。

7

天板の手前と奥を入れかえ、全体が茶色く色づくまで5分間焼く。焼き色が薄ければ、さらに3〜4分間、様子を見ながら焼く。型から取り出して網にのせ（やけどに注意）、冷ます。

ショコラフィナンシェ

フィナンシェは、簡単にバリエーションを楽しめるのも魅力です。
コティでは常時、プレーン以外に数種類を一緒に店頭に並べています。
ショコラは定番の一つで、生地にココアパウダーとチョコチップを混ぜ、
ほろ苦い甘さの大人っぽいテイストに仕上げました。
チョコと相性のよいアーモンドが、カリッと香ばしいアクセントに。

材料（8.5×4.5×高さ1.2cmのフィナンシェ型10コ分）

卵白 … （L）2コ分（80g）
三温糖 … 40g
きび糖 … 30g
はちみつ … 小さじ⅓（約2g）

A ┃ アーモンドパウダー … 35g
　┃ 薄力粉 … 20g
　┃ ココアパウダー（無糖）… 10g

バター（食塩不使用／生地用）… 65g
製菓用チョコチップ … 30g
アーモンド（食塩不使用／ローストしたもの）… 30g
バター（食塩不使用／型用）… 適量
［1コ分145kcal　調理時間30分（冷ます時間は除く）］

つくる前にしておくこと

・型用のバターは常温に戻して柔らかくし、型に薄く
　塗っておく。
・Aは合わせてふるっておく。
・アーモンドは粗く刻んでおく。
・オーブンは180℃に温めておく。

生地をつくる

1　ボウルに卵白、三温糖、きび糖、はちみつを入れ、泡立て器でグルグルとよく混ぜ合わせる。

2　全体がよく混ざったら、ふるっておいたAを加え、粉っぽさがなくなるまでグルグルと混ぜ合わせる。

3　鍋に生地用のバターを入れ、弱めの中火にかける。全体が溶けたら、鍋を揺すりながら加熱する。そのうちブクブク泡立ってくるが、そのまま加熱する。泡が大きくなって茶色く色づいたら、すぐに火から下ろす（焦がしバター）。

4　3の焦がしバターが熱いうちに、2に少しずつ加えて泡立て器でグルグルと混ぜ合わせる。チョコチップを加えて、さらに混ぜ合わせる（写真1）。

焼く

5　バターを塗った型を天板に並べ、4をスプーンなどで等分にすくい入れる。上面に刻んでおいたアーモンドを散らし（写真2）、180℃のオーブンで8分間焼く。天板の手前と奥を入れかえ、全体が茶色く色づくまで5分間焼く。焼き色が薄ければ、さらに3〜4分間、様子を見ながら焼く。型から取り出して網にのせ（やけどに注意）、冷ます。

1  チョコチップが生地になじむように混ぜ合わせる。

2  生地の上面にアーモンドを均等にまんべんなく散らす。

ジンジャーフィナンシェ

しょうがの香りと辛みで、ほんのりとスパイシー。
コティのフィナンシェの中でも特に好評で、皆さんに喜ばれています。
しょうがの甘煮は、つくりやすい分量で、2倍量くらいできます。
余った分は炭酸水やお湯で割って、
ジンジャーエールやホットジンジャーとしてお楽しみください。

材料（8.5×4.5×高さ1.2cmのフィナンシェ型10コ分）

卵白 … （L）2コ分（80g）
三温糖 … 40g
きび糖 … 30g
はちみつ … 小さじ⅓（約2g）

A ┃ アーモンドパウダー … 35g
　┃ 薄力粉 … 20g

バター（食塩不使用／生地用）… 65g
しょうがの甘煮（つくりやすい分量）

┃ しょうが … 40g
┃ 三温糖 … 30g
┃ レモン汁 … 大さじ1
┃ シナモンパウダー … 小さじ½
┃ 水 … 適量

きび糖（表面用）… 約小さじ1
バター（食塩不使用／型用）… 適量

［1コ分110kcal　調理時間40分（しょうがの甘煮の粗熱を取る時間、フィナンシェを冷ます時間は除く）］

つくる前にしておくこと

・型用のバターは常温に戻して柔らかくし、型に薄く塗っておく。
・Aは合わせてふるっておく。
・オーブンは180℃に温めておく。

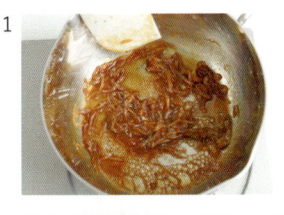

1　しょうがが柔らかくなるまで、味を含めながら煮詰める。

2　生地の上面にきび糖をふって、カリッとした食感を出す。

しょうがの甘煮をつくる

1　しょうがはよく洗って皮付きのまません切りにし、小さめの鍋に入れる。三温糖、レモン汁、シナモンパウダー、ヒタヒタの水を加えて中火にかける。

2　煮立ったら弱火にし、耐熱のゴムべらで時々混ぜながら12〜13分間煮詰める（写真1）。水分がほぼなくなったら火から下ろし、粗熱を取る。

生地をつくる

3　ボウルに卵白、三温糖、きび糖、はちみつを入れ、泡立て器でグルグルとよく混ぜ合わせる。全体がよく混ざったら、ふるっておいたAを加え、粉っぽさがなくなるまでグルグルと混ぜ合わせる。

4　別の鍋に生地用のバターを入れ、弱めの中火にかける。全体が溶けたら、鍋を揺すりながら加熱する。そのうちブクブク泡立ってくるが、そのまま加熱する。泡が大きくなって茶色く色づいたら、すぐに火から下ろす（焦がしバター）。

5　4の焦がしバターが熱いうちに、3に少しずつ加えて泡立て器でグルグルと混ぜ合わせる。

6　2のしょうがの甘煮を20g取り分けてみじん切りにし、5に加えて混ぜ合わせる。

焼く

7　バターを塗った型を天板に並べ、6をスプーンなどで等分にすくい入れる。上面に表面用のきび糖をふり（写真2）、180℃のオーブンで8分間焼く。天板の手前と奥を入れかえ、全体が茶色く色づくまで5分間焼く。焼き色が薄ければ、さらに3〜4分間、様子を見ながら焼く。型から取り出して網にのせ（やけどに注意）、冷ます。

しょうがの甘煮

余った分は清潔な保存瓶に入れ、冷蔵庫で約1週間保存可能。1人分のジンジャードリンクは、しょうがの甘煮大さじ1につき、炭酸水か熱湯180mℓが目安。少し濃いめのほうがおいしく、あればレモン汁少々を加えると、さらにおいしくなります。

スパイスココフィナンシェ

ココナツの風味のあとにシナモン＆ナツメグがほんのりと香り、
最後はカレンズのほのかな酸味で締めくくる、
いくつもの味が楽しめるフィナンシェです。
カレンズは生地に混ぜても焼く間に重みで底に沈むので、
表面の香ばしいココナツとの表情の違いが楽しめます。

材料（8.5×4.5×高さ1.2cmのフィナンシェ型9コ分）

卵白 … （L）2コ分（80g）

三温糖 … 40g

きび糖 … 30g

はちみつ … 小さじ⅓（約2g）

A ┌ アーモンドパウダー … 35g
　│ 薄力粉 … 20g
　│ シナモンパウダー … 小さじ1
　└ ナツメグパウダー … 1つまみ

バター（食塩不使用／生地用）… 65g

カレンズ＊ … 25g

ココナツファイン … 適量

バター（食塩不使用／型用）… 適量

［1コ分140kcal　調理時間30分（冷ます時間は除く）］

＊干しぶどうの一種で、一般的なレーズンより小粒で酸味が強い。

つくる前にしておくこと

・型用のバターは常温に戻して柔らかくし、型に薄く塗っておく。

・Aは合わせてふるっておく

・オーブンは180℃に温めておく。

生地をつくる

1　ボウルに卵白、三温糖、きび糖、はちみつを入れ、泡立て器でグルグルとよく混ぜ合わせる。

2　全体がよく混ざったら、ふるっておいた**A**を加え、粉っぽさがなくなるまでグルグルと混ぜ合わせる。

3　鍋に生地用のバターを入れ、弱めの中火にかける。全体が溶けたら、鍋を揺すりながら加熱する。そのうちブクブク泡立ってくるが、そのまま加熱する。泡が大きくなって茶色く色づいたら、すぐに火から下ろす（焦がしバター）。

4　**3**の焦がしバターが熱いうちに、**2**に少しずつ加えて泡立て器でグルグルと混ぜ合わせる。カレンズを加えて、さらに混ぜ合わせる（写真1）。

焼く

5　バターを塗った型を天板に並べ、**4**をスプーンなどで等分にすくい入れる。上面にココナツファインをふり（写真2）、180℃のオーブンで8分間焼く。天板の手前と奥を入れかえ、全体が茶色く色づくまで5分間焼く。焼き色が薄ければ、さらに3〜4分間、様子を見ながら焼く。型から取り出して網にのせ（やけどに注意）、冷ます。

1　カレンズを加えたら、まんべんなく行き渡るように全体に混ぜる。

2　味と香りのアクセントになるココナツファインは、表面全体にたっぷりふる。

ベリーフィナンシェ

アーモンド生地のこっくりとした甘さに、
ラズベリー & ワイルドブルーベリーの甘酸っぱさが
さっぱりと爽やかな余韻を残します。
アイスティーとの相性がよいので、
夏の暑い時期のティータイムにもおすすめです。

材料（8.5×4.5×高さ1.2cmのフィナンシェ型9コ分）

卵白 … （L）2コ分（80g）

三温糖 … 40g

きび糖 … 30g

はちみつ … 小さじ⅓（約2g）

A | アーモンドパウダー … 35g
  | 薄力粉 … 20g

バター（食塩不使用／生地用）… 65g

ラズベリーピュレ（市販／冷凍）*1 … 25g

ドライワイルドブルーベリー*2 … 70〜80粒

バター（食塩不使用／型用）… 適量

[1コ分130kcal　調理時間30分（冷ます時間は除く）]

*1　ラズベリーをピュレ状にした、無糖のもの。
*2　ある特定の地域で自生する野生種のブルーベリーをドライ
フルーツにしたもの。なければドライブルーベリーでもよい。

つくる前にしておくこと

・型用のバターは常温に戻して柔らかくし、型に薄く
　塗っておく。

・Aは合わせてふるっておく

・オーブンは180℃に温めておく。

1　ラズベリーピュレは生地
に混ぜるうちに溶けるの
で、解凍しなくてもOK。

2　ワイルドブルーベリーは自
由に散らすとよい。

生地をつくる

1 ボウルに卵白、三温糖、きび糖、はちみつを入
れ、泡立て器でグルグルとよく混ぜ合わせる。

2 全体がよく混ざったら、ふるっておいたAを加
え、粉っぽさがなくなるまでグルグルと混ぜ合
わせる。

3 鍋に生地用のバターを入れ、弱めの中火にかけ
る。全体が溶けたら、鍋を揺すりながら加熱す
る。そのうちブクブク泡立ってくるが、そのまま
加熱する。泡が大きくなって茶色く色づいたら、
すぐに火から下ろす（焦がしバター）。

4 3の焦がしバターが熱いうちに、2に少しずつ
加えて泡立て器でグルグルと混ぜ合わせる。ラ
ズベリーピュレを凍ったまま加え、さらに混ぜ合
わせる（写真1）。

焼く

5 バターを塗った型を天板に並べ、4をスプーン
などで等分にすくい入れる。上面にワイルドブ
ルーベリーを8粒くらいずつ散らし（写真2）、
180℃のオーブンで8分間焼く。天板の手前と
奥を入れかえ、全体が茶色く色づくまで5分間
焼く。焼き色が薄ければ、さらに3〜4分間、様
子を見ながら焼く。型から取り出して網にのせ
（やけどに注意）、冷ます。

マドレーヌ

マドレーヌの主材料は、卵、砂糖、小麦粉、バターの4種類。
私のレシピは、はちみつとアーモンドパウダーも加えて、
しっとりとコクのある味わいに仕上げます。
材料を次々と混ぜ合わせ、型に流し入れて焼くだけなので、
お菓子づくりの入門におすすめです。

材料（帆立て貝形のマドレーヌ型6コ分）

卵 … （L）1⅓コ（80g）

三温糖 … 60g

はちみつ … 5g

バニラエッセンス … 適量

A ┌ 薄力粉 … 45g
　└ アーモンドパウダー … 15g

バター（食塩不使用／生地用） … 60g

バター（食塩不使用／型用） … 適宜

［1コ分170kcal　調理時間30分（冷ます時間は除く）］

つくる前にしておくこと

・くっつきにくい加工をしていない型は、型用のバターを薄く塗っておく。

・Aは合わせてふるっておく。

・マドレーヌ型は天板にのせておく。

・オーブンは160℃に温めておく。

1　溶かしバターは温かいうちに加えると、生地となじみやすい。

2　生地がなめらかに混ざったら、型に入れる。

専用の型がなかったら

使いきりのアルミ箔製のマドレーヌ型でつくっても。直径5cmの型で、5コできます。

生地をつくる

1　ボウルに卵を入れ、泡立て器でよく溶きほぐす。三温糖、はちみつを加え、そのつどグルグルと混ぜ合わせ、バニラエッセンスを加えて混ぜる。

2　ふるっておいたAを加え、さらにグルグルと混ぜ合わせる。

3　溶かしバターをつくる。小さめの鍋に生地用のバターを入れて弱火にかけ、溶かす。あるいは耐熱容器に入れ、ラップはせずに電子レンジ（600W）に50秒間ほどかけ、完全に溶かす。

4　3の溶かしバターが温かいうちに2に加え（写真1）、全体がなめらかになるまでよく混ぜ合わせる。

焼く

5　天板にのせておいたマドレーヌ型に4をスプーンなどで等分にすくい入れ（写真2）、160℃のオーブンで15分間焼く。

6　天板の手前と奥を入れかえ、焼き色がつくまで、さらに3分間焼く。型から取り出して網にのせ（やけどに注意）、冷ます。

ダックワーズ

コティのダックワーズは、一口でポイと食べられるプチサイズ。
一般的には専用の型を使って小判形にしますが、
これは絞り出しでつくるので気軽に楽しめます。
焼く直前に粉砂糖をたっぷりふりかけ、表面はサックリ、
中はふんわりとソフトな食感に仕上げるのがポイントです。

材料（約13コ分）

チョコナッツクリーム
- 製菓用チョコレート（ビター）… 50g
- ヘーゼルナッツ（ローストしたもの）… 8コ
- 生クリーム … 50g
- インスタントコーヒー … 小さじ¼
- バター（食塩不使用）… 10g

生地
- メレンゲ
  - 卵白 …（L）1¾コ分（70g）
  - グラニュー糖 … 20g
- 粉砂糖 … 30g
- アーモンドパウダー … 50g

粉砂糖 … 30g

［1コ分60kcal　調理時間40分（チョコナッツクリームを冷やす時間、ダックワーズの粗熱を取る時間は除く）］

つくる前にしておくこと

- チョコレートは塊であれば細かく刻んでおく。
- ヘーゼルナッツは細かく刻んでおく。
- 生地の粉砂糖とアーモンドパウダーは合わせてふるっておく。
- 天板にオーブン用の紙を敷いておく。
- オーブンは170℃に温めておく。

チョコナッツクリーム

コーヒーのほろ苦い風味とナッツの香ばしさを効かせたチョコクリーム。余ったら、トーストに塗って食べるとおいしい。

チョコナッツクリームをつくる

1

ボウルに刻んだチョコレートとヘーゼルナッツを入れる。小さめの鍋に生クリームを入れて沸騰させ、ボウルに加えて泡立て器で混ぜる。

5

合わせてふるっておいた粉砂糖とアーモンドパウダーを4のメレンゲに加え、ゴムべらで大きくムラなく混ぜ合わせる。

2

<u>1</u>にインスタントコーヒーとバターを加え、よく混ぜ合わせる。ラップをして冷蔵庫に入れ、クリーム状の堅さになるまで30分間ほど冷やす。

生地をつくる

3

メレンゲをつくる。別のボウルに卵白とグラニュー糖の⅓量を入れ、白っぽくなって大きく泡立つまでハンドミキサーの高速で泡立てる。

4

<u>3</u>に残りのグラニュー糖を加え、さらにハンドミキサーの高速で泡立てる。つやが出て泡が細かくなってきたら低速に落とし、すくうと先端が軽く曲がるくらいになるまで泡立て、きめを整える。

焼く

6

直径6mmの丸形口金をつけた絞り袋に<u>5</u>を入れ、オーブン用の紙を敷いた天板に直径3cmに絞る(約26コできる)。

7

<u>6</u>の全体に粉砂糖を茶こしでまんべんなくふるいかけ(写真上)、薄いきつね色になるまで170℃のオーブンで8分間ほど焼く(写真下)。オーブンから取り出し、天板にのせたまま粗熱を取り、ダックワーズを紙からそっとはがす。

仕上げる

8

ダックワーズ2コを1組にして、<u>2</u>のチョコナッツクリームを小さじ⅓くらいずつのせてはさむ。

シンプルクッキー

4つの材料でできるシンプルな型抜きクッキーです。
お店では1〜2mmの薄さでカリッとした食感に仕上げますが、
家庭でこの薄さにのばすのは難しいので、少し厚みを出しました。
同じ材料と配合でも厚みが変わると食感や味わいにも変化が出ます。
サクッとした、素朴で温かい味わいになりました。

材料（つくりやすい分量）

バター（食塩不使用）… 95g
きび糖 … 70g
溶き卵 …（M）約½コ分（正味25g）
薄力粉（生地用）… 150g
強力粉（なければ薄力粉／打ち粉用）… 適量
［全量1620kcal　調理時間50分（生地を休ま
せる時間、クッキーを冷ます時間は除く）］

つくる前にしておくこと

・バターは常温に戻しておく。
・生地用の薄力粉はふるっておく。

生地をつくる

1 ボウルにバターを入れ、ゴムべらでなめらかな
クリーム状にする。きび糖を加え、泡立て器で少
し白っぽくなるまですり混ぜる。溶き卵を加え、
よく混ぜ合わせる。ふるっておいた薄力粉を加
え、ゴムべらで混ぜ合わせる。

2 粉っぽさがなくなったら一まとめにしてラップで
包み、冷蔵庫で3〜4時間（できれば一晩）休ま
せる。

バターをたっぷり使った生地なので、よく冷やすと
扱いやすくなります。

オーブンを180℃に温める。

3 台に打ち粉をし、生地を取り出す。生地全体が
同じ堅さになるように、手でもむ。生地の堅さ
が均一になったら、直径5cmの棒状に手での
ばす。

4 生地の長さをカード（またはナイフ）で3等分にし
（写真1）、2つはそれぞれラップで包んで冷蔵
庫に入れる。

成形する

5 台に打ち粉をし、残り1つの生地を麺棒で3〜4mm厚さにのばす。クッキー型で生地を抜き（写真2）、天板に間隔をあけて並べる（写真3）。抜いたあとの余った生地は一まとめにしてラップで包み、冷蔵庫で落ち着かせてから、同様にのばして型で抜く。

焼く

6 180℃のオーブンに入れ、様子を見ながら8分間ほど焼く。天板の奥と手前を入れかえ、様子を見ながら2〜3分間、全体に焼き色がつくまで焼く。網に取り出して冷ます。

7 残りの2つの生地も 5 〜 6 と同様につくる。

1 生地がだれやすいので、切ったら2つはすぐに冷蔵庫へ。

2 手早く型で抜く。型で抜くかわりにナイフで好みの形に切っても。

3 焼く間に生地がくっつかないように少し間隔をあけて並べる。

バニラクッキー

周りにまぶしたグラニュー糖がキラキラ光ることから、
フランス語でダイヤモンドを意味する
「ディアマン」とも呼ばれるクッキーです。
薄力粉を50gに減らしてココアパウダーを10g加えると、
ココアクッキーにアレンジできます。

材料（約20コ分）

バター（食塩不使用）… 50g

きび糖 … 40g

バニラビーンズ* … 3cm

A | 薄力粉 … 60g
　 | アーモンドパウダー … 35g

グラニュー糖 … 20g

［1コ分50kcal　調理時間30分間（生地を冷蔵庫で休ませる時間、冷やす時間、クッキーを冷ます時間は除く）］

*バニラオイル（バニラの香りを油で抽出したもの）5滴で代用してもよい。

つくる前にしておくこと

・バターは常温に戻しておく。

・バニラビーンズは、さやに切り目を入れ、種をしごき出しておく（さやは使わない）。

・Aは合わせてふるっておく。

・天板にオーブン用の紙を敷いておく。

生地をつくる

1 ボウルにバターときび糖を入れてゴムべらで混ぜ合わせる。なめらかになったら泡立て器にかえ、少し白っぽくなるまでよくすり混ぜる。バニラビーンズの種を加えてゴムべらで混ぜ合わせる。

2 ふるっておいたAを加え、よく混ぜ合わせる。粉っぽさがなくなったら一まとめにし、ラップで包んで冷蔵庫に入れて1時間ほど休ませる。

3 台に生地を取り出し、軽くもみほぐす。両手で転がして直径3cm、20cm長さの棒状にのばす。

4 グラニュー糖を台に広げ、その上に**3**を置いて両手で転がし、グラニュー糖をまんべんなくまぶす（写真1）。ラップで包み（写真2）、冷凍庫で30分間冷やす。
　オーブンを160℃に温める。

焼く

5 生地をラップから取り出し、1cm厚さに切る。オーブン用の紙を敷いた天板に間隔をあけて、断面を上にして並べる（写真3）。160℃のオーブンで12分間ほど、焼き色がつくまで焼く。天板の奥と手前を入れかえ、同様に3分間ほど焼く。網に取り出して冷ます。

1　グラニュー糖に押しつけるように生地を転がし、しっかり密着させる。

2　30分より長く冷やすと、生地が割れやすくなるので注意。

3　焼くときにくっつかないように、間隔をあけて並べる。

ホワイトチョコとヘーゼルナッツのクッキー

チョコ＆ナッツのゴツゴツとした形が愛きょうのある、
素朴なアメリカンタイプのクッキーです。
ザクザクとした食感が特徴ですが、
ホワイトチョコレートのやさしい甘さに合わせて、
堅すぎずソフトな口当たりに仕上げました。

材料（約13コ分）

バター（食塩不使用）… 30g
グラニュー糖 … 20g
きび糖 … 20g
溶き卵 …（L）¼コ分（15g）

A
薄力粉 … 45g
アーモンドパウダー … 15g
ベーキングパウダー … 小さじ½（2g）
シナモンパウダー … 小さじ1強（2g）

ホワイトチョコレート（市販）… 45g
ヘーゼルナッツ（食塩不使用／
　ローストしたもの）… 20g
［1コ分80kcal　調理時間30分（粗熱を取る
時間、冷ます時間は除く）］

つくる前にしておくこと

・バターは常温に戻しておく。
・Aは合わせてふるっておく。
・ホワイトチョコレートは粗く割っておく。
・ヘーゼルナッツは半分に割っておく。
・天板にオーブン用の紙を敷いておく。
・オーブンは160℃に温めておく。

生地をつくる

1 ボウルにバターを入れ、ゴムべらでクリーム状に練る。グラニュー糖ときび糖を加え、よくすり混ぜる。溶き卵を2回に分けて加え、そのつどよく混ぜ合わせる。

2 ふるっておいたAを加え、少し粉っぽさが残る程度に混ぜ合わせる。

3 割っておいたホワイトチョコレートとヘーゼルナッツを加え（写真1）、粉っぽさがなくなるまで混ぜ合わせる。

焼く

4 13等分くらいにして手で軽く丸めながら、オーブン用の紙を敷いた天板に間隔をあけて並べる（写真2）。生地の上面を指で軽く押さえて少し平らにする（写真3）。

5 160℃のオーブンで12分間焼く。天板の手前と奥を入れかえ、様子を見ながら2〜3分間焼く。オーブンから取り出し、天板にのせたまま粗熱を取る。網に移して冷ます。

焼きたては柔らかいので、粗熱が取れるまで触らないでください。

1 粉っぽさが完全になくなってから具材を混ぜると、混ぜすぎて生地が堅くなるので注意。

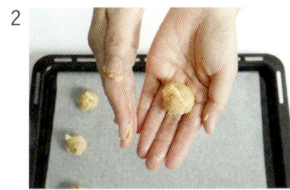

2 ザックリと丸くすればよい。しっかり丸める必要はない。

3 均一に火が入るように、上面を少し平らにする。

ナッツとブラウンシュガーのクッキー

お店ではナッツを粉にしてホロホロの口溶けに仕上げますが、
家庭でつくりやすいように、ナッツはすりつぶして
ザクザクとした食感にアレンジしました。
これはこれでナッツの香ばしさが際立ち、気に入っています。
塩をほんの少し入れて味を締めるのがポイント。

材料（約30コ分）

くるみ（ローストしたもの）*1 … 20g
ピーカンナッツ（ローストしたもの）*1 … 10g
バター（食塩不使用）… 45g
ブラウンシュガー*2 … 20g
塩 … 1つまみ

| A | 薄力粉 … 65g |
| | コーンスターチ … 10g |

| B | ブラウンシュガー … 適量 |
| | 粉砂糖（溶けないタイプ）… 適量 |

［1コ分30kcal　調理時間40分（冷ます時間は除く）］

*1　くるみかピーカンナッツのどちらかだけを30gでもよい。
*2　きび糖、黒砂糖（粉末）、洗双糖など精製度の低い砂糖で代用してもよい。

つくる前にしておくこと

・バターは常温に戻しておく。
・Aは合わせてふるっておく。
・天板にオーブン用の紙を敷いておく。
・オーブンは160℃に温めておく。

生地をつくる

1 くるみとピーカンナッツを台にのせ、麺棒を転がして粉状にすりつぶす（写真1）。

2 ボウルにバター、ブラウンシュガー、塩を入れてゴムべらでよく混ぜ合わせる。1を加えて混ぜ合わせる。

3 ふるっておいたAを加え、粉っぽさがなくなるまで混ぜ合わせる。

焼く

4 生地を直径2cmに丸め、オーブン用の紙を敷いた天板に間隔をあけて並べる（写真2）。160℃のオーブンで10分間焼く。天板の手前と奥を入れかえて、さらに5分間焼く。オーブンから取り出し、天板にのせたまま冷ます（写真3）。

5 ふた付きの容器（またはポリ袋）にBを入れ、振って混ぜ合わせる。4を4～5回に分けて加え、そのつどふたをして容器ごと（または袋の口を閉じて）振り、砂糖をまんべんなくまぶす。

大量のクッキーを一気に入れるとムラができるので、数回に分けてまぶしましょう。

1
薄力粉とよくなじむように、できるだけ細かくすりつぶす。

2
直径2cmを目安に、きれいに丸めて天板に並べる。

3
焼きたては柔らかいので、完全に冷めるまで、触らずにおく。

チーズクッキー

パリパリでもなく、ザクザクでもなく、
少し重めで食べごたえのあるクッキーを目指して
本のために考案し、のちにお店のレギュラーに仲間入り。
粉チーズたっぷりで、黒こしょうがアクセント。
もちろん甘さもあります。だってクッキーですから。

材料（10cm長さ×1.5cm幅・18〜20コ分）

バター（食塩不使用）… 60g

粉砂糖 … 30g

A ｜ 粉チーズ … 30g
｜ 黒こしょう（粗びき）… 小さじ ½

薄力粉 … 100g

粉チーズ（表面用）… 適量

強力粉（なければ薄力粉／打ち粉用）… 適量

[1コ分50kcal　調理時間40分（粗熱を取る時間、冷ます時間は除く）]

つくる前にしておくこと

・バターは常温に戻しておく。

・薄力粉はふるっておく。

・天板にオーブン用の紙を敷いておく。

・オーブンは170℃に温めておく。

生地をつくる

1 ボウルにバターと粉砂糖を入れ、ゴムべらでよく混ぜ合わせる。粉砂糖がなじんだら、**A**を加えてよく混ぜ合わせる。

2 ふるっておいた薄力粉を加え、ゴムべらでボウルに押しつけるようによく混ぜ合わせる。

3 粉っぽさがなくなり、まとまってきたら、手で一まとめにする。

成形して焼く

4 台に打ち粉をして**3**を取り出し、麺棒で5mm厚さの長方形にのばす。

5 生地を縦長に置いて両端を切り落とし、横の長さを10cmにする（写真1）。

6 上部の端が直線になるように切り落とし、包丁で1.5cm間隔に印をつけてから、切り分ける（写真2）。オーブン用の紙を敷いた天板に並べる。

7 残った生地は一まとめにし、**4**〜**6**と同様に10cm長さ×1.5cm幅に切り分ける。最後に残った生地は丸めて平らにする。**6**の天板に並べ、表面用の粉チーズを生地の表面に散らす（写真3）。

8 170℃のオーブンで10分間焼く。天板の手前と奥を入れかえて、さらに5分間焼く。オーブンから取り出し、天板にのせたまま粗熱を取る。網に取り出して完全に冷ます。

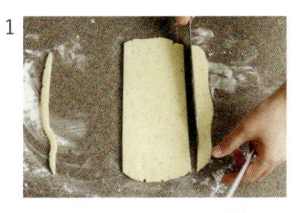

1　両端の不ぞろいなところを切り落として幅をそろえる。

2　包丁で印をつけておくと、正確に切り分けられる。

3　粉チーズはそれぞれの生地にまんべんなく行き渡らせる。

ショコラサンドクッキー

子どもやシニアのお客様にも人気の、
ふんわりと柔らかい食感のソフトクッキーです。
お店では、チョコクリームにベリー風味をほんのりプラス。
どちらもおいしいので、お好みでどうぞ。
夏は、冷蔵庫で冷やして食べるのもおすすめです。

材料（約18コ分）

生地

	バター（食塩不使用）… 65g
	粉砂糖 … 35g
	卵 …（L）½コ強（35g）
	ココアパウダー（無糖）… 15g
A	薄力粉 … 40g
	アーモンドパウダー … 10g

チョコクリーム

	好みの製菓用チョコレート … 40g
	生クリーム … 40g
	ラズベリーピュレ（市販／冷凍／好みで）… 10g

［1コ分70kcal　調理時間30分（クッキーを冷ます時間、冷やす時間は除く）］

つくる前にしておくこと

・バターを常温に戻しておく。
・Aは合わせてふるっておく。
・天板にオーブン用の紙を敷いておく。
・オーブンは170℃に温めておく。
・オーブン用の紙で、チョコクリームを絞るコルネをつくっておく（下記参照）。

コルネのつくり方

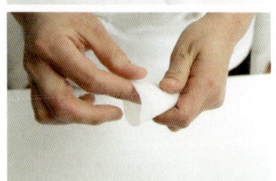
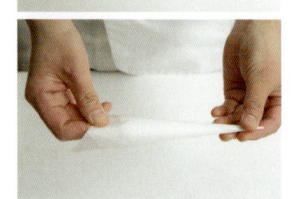

オーブン用の紙を一辺20cmの三角形に切り、端から円すい形に巻く（写真上）。巻き終わりを内側に折ってとめ（写真中）、完成（写真下）。

生地をつくって焼く

1

ボウルにバターを入れ、ゴムべらでクリーム状に練る。粉砂糖を加えて混ぜ合わせ、粉っぽさがなくなったら泡立て器にかえてよく混ぜる。白っぽくなったら卵を加え、よく混ぜ合わせる。ココアパウダーを加え、よく混ぜ合わせる。

チョコクリームをつくる

5

ボウルにチョコレートを入れる。小さめの鍋に生クリームを入れて沸かし、ボウルに加えて泡立て器でよく混ぜ合わせる。

好みで、ラズベリーピュレを凍ったまま加えてよく混ぜ合わせると、お店と同じ味になります。

2

ふるっておいた **A** を加え、粉っぽさがなくなるまでゴムべらでよく混ぜ合わせる。

3

直径6mmの丸形口金をつけた絞り袋に **2** を入れ、オーブン用の紙を敷いた天板に直径2〜3cm、2mm厚さの円形に絞る（約36コできる）。

4

170℃のオーブンで7分間焼く。オーブンから取り出し、天板にのせたまま冷ます。

仕上げる

6

トレーなどに **4** のクッキーを2コ1組で、上下を互い違いにして並べる。

7

コルネ（P.38参照）に **5** のチョコクリームを入れる。コルネの先端を少し切り落とし、クッキーの底面が上のほうに絞る。

コルネのかわりにスプーンでのせても。チョコクリームが柔らかいので、そっとやさしくすくってのせてください。

8

ラップはせずにトレーごと冷蔵庫で30分間ほど冷やす。チョコクリームが固まったら冷蔵庫から取出し、チョコクリームをのせていないクッキーをのせる。

チョコクリームをのせていないクッキーも一緒に冷蔵庫で冷やすと、チョコクリームをはさみやすくなります。

ビスコッティ

イタリアの伝統菓子・ビスコッティは、
二度焼きして、ザクザクとした堅い食感を楽しむビスケット。
イタリアではコーヒーや甘いワインに浸して楽しむそう。
私のレシピは、バターとアーモンドパウダーをプラスして
コクのある風味と軽い食感に仕上げます。

材料（約11コ分）

A
| 薄力粉 … 130g
| アーモンドパウダー … 25g

B
| きび糖 … 125g
| 塩 … 1つまみ（1g）
| ベーキングパウダー … 5g

溶き卵 …（M）1コ分（50g）
バター（食塩不使用）… 10g
アーモンド（食塩不使用／
　ローストしたもの）… 30g
ピスタチオ … 20g
ドライアプリコット … 40g
強力粉（なければ薄力粉／打ち粉用）… 適量
[1コ分150kcal　調理時間1時間（粗熱を取る時
間、冷ます時間は除く）]

つくる前にしておくこと

・**A** は合わせてふるっておく。
・バターは小さめの鍋に入れて弱火にかけ、溶
　かす。あるいは小さめの耐熱容器に入れ、ラッ
　プはせずに電子レンジ（600W）に20秒間
　ほどかけ、完全に溶かす（溶かしバター）。
・ドライアプリコットは細かく刻んでおく。
・天板にオーブン用の紙を敷いておく。
・オーブンは170℃に温めておく。

生地をつくる

1　ボウルにふるっておいた**A**を入れ、**B**を加えて泡立
　て器でグルグルと全体を混ぜ合わせる。溶き卵と溶
　かしバターを加え、カードで切るように混ぜ合わせる。

2　粉っぽさがなくなってきたら、手でまとめる。アーモン
　ド、ピスタチオ、刻んだアプリコットを加え、手に
　打ち粉をして混ぜ込み、一まとめにする。

焼く

3　オーブン用の紙を敷いた天板に打ち粉をし、**2**をの
　せる。生地の表面に打ち粉をし、2cm厚さのだ円形
　に整える（写真1）。全体に焼き色がつくまで、170℃
　のオーブンで20分間ほど焼く。取り出して粗熱を
　取り、網にのせてしっかり冷ます。

二度焼きする

4　台に移して1.5cm幅くらいに切る（写真2）。
　オーブンの温度を150℃に下げる。

5　天板に敷いたオーブン用の紙を新しくかえ、**4**の生
　地を断面を上にして並べる（写真3）。150℃のオー
　ブンで20分間ほど焼き、網にのせて冷ます。

1　二度焼きするときに切
りやすいように、表面
をきれいにならす。

2　生地が温かいうちに切
ると、形がくずれやす
いので、よく冷まして
から切る。

3　断面を上にして低温で
じっくり、水分をとばし
ながらカリッと焼く。

スコーン

私のスコーンは、生クリームと卵黄を加えたリッチな配合です。
表面はサクッと軽く、中はしっとりソフトな口当たり。
ほんのりと甘く、ミルキーな味わいです。
バターが溶けないうちに手早く粉となじませ、
こねないようにまとめるのが、サックリと焼き上げるポイントです。

材料（8コ分）

A | 薄力粉 … 150g
　| ベーキングパウダー … 5g

グラニュー糖 … 30g

塩 … 1つまみ

バター（食塩不使用）… 50g

B | 生クリーム … 75g
　| 卵黄 … 1コ分（20g）

強力粉（なければ薄力粉／打ち粉用）… 適量

牛乳 … 適量

生クリーム・好みのジャム … 各適宜

［1コ分170kcal　調理時間40分間（生地を冷やす時間、スコーンの粗熱を取る時間、冷ます時間は除く）］

つくる前にしておくこと

・Aは合わせてふるっておく。

・バターは1cm角に切り、使う直前まで冷蔵庫で冷やす。

・Bは小さめのボウルに入れ、混ぜておく。

・天板にオーブン用の紙を敷いておく。

生地をつくる

1

ボウルにふるっておいたA、グラニュー糖、塩を入れて全体を混ぜる。冷やしておいたバターを加え、カードで切るように粉と合わせる（写真上）。バターがある程度細かくなったら、指で平らにする（写真下）。

5

生地をラップで包み、冷蔵庫で2〜3時間冷やす。
オーブンを200℃に温める。

2

再びバターをカードで切るように粉と合わせ、そぼろ状に細かくする。

3

2にBを加え、カードで切るように手早く混ぜ合わせる。

4

ある程度まとまってきたら、カードで生地を半分に切って(写真上)重ね(写真下)、上から押さえてまとめる。粉っぽさがなくなって全体がまとまるまで、これを繰り返す。

焼く

6

台に打ち粉をして生地を取り出し、麺棒でのばして16×8×高さ2cmの直方体に整える。包丁で8等分に切り分ける。

7

オーブン用の紙を敷いた天板に6を並べ、表面に牛乳をスプーンの背で塗る。

8

200℃のオーブンで12分間焼く。天板の手前と奥を入れかえて3〜5分間焼く。取り出して粗熱を取り、網にのせて冷ます。好みで八分立てにした生クリームとジャムをつけて食べる。

カトルカール

カトルカールは、パウンド型で焼く基本的なお菓子。
バター、砂糖、卵、小麦粉を同量ずつ混ぜてつくりますが、
私のレシピは、薄力粉にアーモンドパウダーを
少し混ぜてコクをつけ、しっとり仕上げます。
シンプルですが、飽きないおいしさです。

材料（18×8×高さ6cmのパウンド型1台分）

バター（食塩不使用）… 120g

三温糖 … 120g

卵 …（L）2コ（120g）

ブランデー … 小さじ1

A ┃ 薄力粉 … 100g
┃ アーモンドパウダー … 20g

[全量1980kcal　調理時間1時間（粗熱を取る時間、冷ます時間は除く）]

つくる前にしておくこと

・バターは常温に戻しておく。

・A は合わせてふるっておく。

・パウンド型にオーブン用の紙を敷いておく。

・オーブンは160℃に温めておく。

生地をつくる

1

ボウルにバターと三温糖を入れ、ゴムべらですり混ぜる。ハンドミキサーにかえて、高速で白っぽくなるまでよく混ぜる。

5

粉っぽさがなくなり、つやが出て、なめらかになったら混ぜ上がり。

2

卵を加え、ふわっとしたクリーム状に
なるまでよく混ぜ合わせる。

3

ブランデーを加えてさらによく混ぜ、
ふるっておいたAを加える。

4

ゴムべらで底からすくい上げるよう
に大きく混ぜ合わせる。

焼く

6

オーブン用の紙を敷いておいた型
に入れ、表面をざっとならす。天板に
のせて160℃のオーブンで30分間
焼く。天板の手前と奥を入れかえ、
様子を見ながら10分間焼く。
表面が焦げそうになったら、アルミ箔を
かぶせて焼きましょう。

7

生地の中央に竹串を刺してみて、何
もついてこなければ焼き上がり。生
地がつくようなら、様子を見ながら5
分間ずつ、さらに焼く。型ごと網にの
せ、粗熱を取る。型から取り出して紙
をはがし、網にのせて冷ます。

ヴィクトリアケーキ

スポンジケーキやバターケーキでラズベリージャムを
はさんだヴィクトリアケーキは、イギリスの定番焼き菓子。
ここでは「カトルカール」(P.46〜49)と同じ生地を丸型で焼いてつくります。
シンプルにジャムだけをはさみますが、
好みで八分立てにした生クリームを一緒にはさんでも。

材料（直径15cmの丸型・底が外れるタイプ1台分）

バター（食塩不使用）… 120g

三温糖 … 120g

卵 … （L）2コ（120g）

ブランデー … 小さじ1

A｜ 薄力粉 … 100g
　｜ アーモンドパウダー … 20g

ラズベリージャム

　｜ ラズベリー（冷凍）… 65g
　｜ 上白糖 … 20g
　｜ レモン汁 … 小さじ1

粉砂糖（溶けないタイプ）… 適量

［全量2100kcal　調理時間1時間15分（ケーキの粗熱を取る時間、冷ます時間、ジャムを冷ます時間は除く）］

つくる前にしておくこと

・バターは常温に戻しておく。

・Aは合わせてふるっておく。

・丸型にオーブン用の紙を敷き、側面は縁より2cm高くしておく。

・オーブンは160℃に温めておく。

ゴムべらで鍋底に筋がはっきりと描けるくらいになるまで煮詰める。

上部より下部を厚めに切ると、切ったときの断面が美しくなる。

縁を少しあけて塗ると、生地を重ねてもジャムがはみ出さない。

生地をつくる

1 ボウルにバターと三温糖を入れ、ゴムべらですり混ぜる。ハンドミキサーにかえて高速で白っぽくなるまでよく混ぜる。

2 卵を加え、ふわっとしたクリーム状になるまでよく混ぜ合わせる。ブランデーを加えてさらによく混ぜる。

3 ふるっておいたAを加え、ゴムべらで底からすくい上げるように大きく混ぜ合わせる。粉っぽさがなくなり、つやが出て、なめらかになったら混ぜ上がり。

4 オーブン用の紙を敷いておいた型に入れ、表面をざっとならす。天板にのせて160℃のオーブンで30分間焼く。天板の手前と奥を入れかえ、様子を見ながら15分間焼く。

表面が焦げそうになったら、アルミ箔をかぶせて焼きましょう。

5 生地の中央に竹串を刺してみて、何もついてこなければ焼き上がり。生地がつくようなら、様子を見ながら5分間ずつ、さらに焼く。型ごと網にのせて粗熱を取る。型より小さく、底が平らで高さのある器に型ごとのせ、側面の型を下に押して外し、底の型と紙をはがして冷ます。

ラズベリージャムをつくる

6 小さめの鍋にラズベリーを凍ったまま入れ、上白糖とレモン汁を加えて中火にかけ、耐熱のゴムべらで混ぜる。上白糖が溶けて、ラズベリーが煮くずれてきたら弱火にし、水分がとんでドロッとするまで、混ぜながら少し煮詰める（写真1）。火から下ろして冷ます。

仕上げる

7 5を台に移し、厚みの中央より少し上のあたりで2枚に切り分ける（写真2）。底のほうの生地の断面に、縁を5mmほどあけて6をまんべんなく塗り（写真3）、もう1枚の生地をのせる。生地の上面に茶こしで粉砂糖をまんべんなくふる。

ウイークエンドケーキ

フランスでは「ウイークエンド・シトロン」「ガトー・ウイークエンド」
などの名前で呼ばれる、レモン風味のバターケーキです。
"週末（ウイークエンド）に楽しむケーキ"というのが名前の由来なのだとか。
「カトルカール」（P.46〜49）より、しっとり仕上げた生地に、
甘酸っぱいアイシングが爽やかなアクセント。

材料（18×8×高さ6cmのパウンド型1台分）

バター（食塩不使用）… 120g

上白糖 … 120g

卵 … (L) 2コ（120g）

レモン汁 … 大さじ1⅔

レモンの皮（すりおろす）… 1コ分

A | 薄力粉 … 80g
  | アーモンドパウダー … 50g

アイシング

| 粉砂糖 … 80g
| レモン汁 … 大さじ1

ピスタチオ … 適量

［全量2340kcal　調理時間1時間30分（ケーキの粗熱を取る時間、冷ます時間、アイシングを乾かす時間は除く）］

つくる前にしておくこと

・バターは常温に戻しておく。
・A は合わせてふるっておく。
・ピスタチオは細かく刻んでおく。
・パウンド型にオーブン用の紙を敷いておく。
・オーブンは170℃に温めておく。

1 レモンの皮を加え、爽やかな香りとほのかな苦みをプラス。

2 上面を下にしてアイシングをかけるので、平らにする。

3 アイシングが均等になるように、生地の隅々まで塗り広げる。

生地をつくる

1 ボウルにバターと上白糖を入れ、ハンドミキサーの高速で白っぽくなるまでよく混ぜる。卵を加え、ふわっとしたクリーム状になるまで、ハンドミキサーの高速でよく混ぜ合わせる。

2 レモン汁とレモンの皮を加え（写真1）、ハンドミキサーの高速でよく混ぜ合わせる。

3 ふるっておいた A を加え、粉っぽさがなくなり、つやが出て、なめらかになるまで、ゴムべらで底からすくい上げるように全体を大きく混ぜ合わせる。

焼く

4 オーブン用の紙を敷いておいた型に入れ、表面をざっとならす。天板にのせて170℃のオーブンで50分間焼く。天板の手前と奥を入れかえ、様子を見ながら10分間焼く。
表面が焦げそうになったら、アルミ箔をかぶせて焼きましょう。

5 生地の中央に竹串を刺してみて、何もついてこなければ焼き上がり。生地がつくようなら、様子を見ながら5分間ずつ、さらに焼く。型ごと網にのせて粗熱を取る。型から取り出して紙をはがし、網にのせて冷ます。

アイシングをかける

6 アイシングをつくる。ボウルにアイシングの材料を入れ、なめらかになるまで、ゴムべらでよく練り混ぜる。

7 5の上面の膨らんだ部分を切り落として平らにする（写真2）。断面が下になるように生地を逆さまにして台に置く。

8 7に6のアイシングをのせる。パレットナイフ（またはバターナイフ）で上面と側面全体に塗り広げてならし（写真3）、中央に刻んでおいたピスタチオを散らす。常温に2時間おいて乾かす。

チーズケーキ

コティのチーズケーキは、バニラの香りをつけて
サワークリームで軽やかに仕上げるのが特徴です。
実は私、チーズケーキが苦手で、
唯一、なぜかこれだけは食べられるというレシピ。
お店の底生地は、チーズと合うくるみ風味のクッキー生地ですが、
クラッカーにくるみを混ぜて、つくりやすくしました。

材料（直径15cmの丸型・底が外れるタイプ1台分）

底生地

| 好みのクラッカー … 45g
| くるみ（ローストしたもの）… 15g
| バター（食塩不使用）… 15g

チーズ生地

| クリームチーズ … 275g
| サワークリーム … 120g
| バニラビーンズ* … 3cm
| グラニュー糖 … 85g
| 卵 …（L）2コ（120g）
| コーンスターチ … 5g

［全量2270kcal　調理時間1時間30分（底生地の粗熱を取る時間、ケーキを冷ます時間、冷やす時間は除く）］

*バニラオイル2〜3滴で代用してもよい。

つくる前にしておくこと

・バターは小さめの鍋に入れて弱火にかけ、溶かす。あるいは小さめの耐熱容器に入れ、ラップはせずに電子レンジ（600W）に25秒間ほどかけ、完全に溶かす（溶かしバター）。
・クリームチーズは常温に戻しておく。
・バニラビーンズは、さやに切り目を入れ、種をしごき出しておく（さやは使わない）。
・丸型の底にオーブン用の紙を敷いておく。
・オーブンは180℃に温めておく。

型の隅まで隙間なく、平らになるように敷き詰める。

型の底から湯が入るのを防ぐため、耐熱バットを敷いて湯煎焼きにする。

湯煎焼きにすると、しっとりと口当たりよく仕上がる。

底生地をつくる

1 ポリ袋にクラッカーとくるみを入れて麺棒でたたき、細かく砕いてボウルに入れる。溶かしバターを加え、ゴムべらで押しつけるように全体をよく混ぜる。

2 オーブン用の紙を敷いておいた型に**1**を入れ、手でギュッと押さえて敷き詰める（写真1）。天板にのせ、180℃のオーブンで8分間焼く。型に入れたまま粗熱を取り、型の内側の側面にオーブン用の紙を側面から2cmほど高くなるように巻く。オーブンの温度を150℃に下げる。

チーズ生地をつくる

3 ボウルにクリームチーズ、サワークリーム、バニラビーンズの種を入れ、ゴムべらで全体をなじませるように混ぜ合わせる。

4 なめらかなクリーム状になったらグラニュー糖を加え、泡立て器でなめらかになるまでよく混ぜる。

5 卵を加えてよく混ぜ合わせ、コーンスターチを加えてよく混ぜ合わせる。

6 深めの耐熱バットに**2**の型をのせ、バットごと天板に置く。底生地の上に**5**を流し入れる。

焼く

7 耐熱バットと天板の間に熱湯を天板の半分の深さまで注ぎ（写真2）、150℃のオーブンで65分間、湯煎焼きにする（写真3）。バットから取り出して型のまま冷まし、冷蔵庫で4〜5時間冷やす。

8 底が平らで高さのある器などに**7**を型ごとのせる。側面に蒸しタオル*を巻きつけて温め、側面の型を下に押して外す。側面の紙、型の底と紙を外す。

*ぬらして堅く絞ったタオルを電子レンジ（600W）に2分間かける。冷蔵庫で冷やし固めた生地は、蒸しタオルで温めると抜きやすい。型の外し方はP.63「チョコレートケーキ」のつくり方8参照。

いちじくのアップサイドダウンケーキ

上と下を逆さまにして焼くことから、
〝アップサイドダウン〞と名付けられたケーキ。
いちじくは底に敷き、焼き上がったらひっくり返します。
いちじくの甘みとカラメルのほろ苦さの
ハーモニーを楽しんでください。

材料（直径15cmの丸型・底が外れないタイプ1台分）

いちじく … 2コ（約150g）

カラメル

| バター（食塩不使用）… 30g

| ブラウンシュガー … 75g

| レモン汁 … 大さじ1

生地

| バター（食塩不使用）… 150g

| ブラウンシュガー … 150g

| 卵 …（L）2コ（120g）

| はちみつ … 5g

| A | 薄力粉 … 110g

| | アーモンドパウダー … 50g

| ピーカンナッツ（食塩不使用／ローストしたもの）… 20g

［全量3240kcal　調理時間1時間10分（粗熱を取る時間は除く）］

つくる前にしておくこと

・いちじくはよく洗って、皮付きのまま5mm厚さの輪切りにしておく。

・生地用のバターは常温に戻しておく。

・**A**は合わせてふるっておく。

・ピーカンナッツは粗みじん切りにしておく。

・丸型にオーブン用の紙を敷き、側面は縁より2cm高くしておく。

・オーブンは170℃に温めておく。

カラメルのもとをつくる

1

小さめの鍋にバターを入れて弱火で溶かし、火を止める。ブラウンシュガーとレモン汁を加え、よくなじむまで耐熱のゴムべらで混ぜ合わせる。

5

4に卵とはちみつを加え、ハンドミキサーの高速でさらによく混ぜ合わせる。最初はサラッとしているが、モッタリとするまで混ぜる。

2

オーブン用の紙を敷いておいた型に<u>1</u>を流し入れ、ならす。

いちじくを型に入れる

3

<u>2</u>にいちじくを少し重ねて並べる。

生地をつくる

4

ボウルにバターとブラウンシュガーを入れ、ハンドミキサーの高速で白っぽくなるまでよく混ぜ合わせる。

6

ふるっておいた**A**、刻んだピーカンナッツを加え（写真上）、粉っぽさがなくなるまでゴムべらでよく混ぜ合わせる（写真下）。

7

<u>3</u>に<u>6</u>を加えて表面をならす。

焼く

8

天板に<u>7</u>をのせ、170℃のオーブンで50分間ほど焼く。型ごと網にのせ、粗熱を取る。側面のオーブン用の紙を抜き取る。まな板をかぶせて上下を返し、型を外す。

チョコレートケーキ

コティのチョコレートケーキは、
メレンゲをたっぷり混ぜて、
低温の湯煎焼きでゆっくりと火を入れるので、
生チョコのようになめらか。
とろけるような口当たりで、軽やかな味わいです。
お店の底生地はタルト生地ですが、
ここでは手軽な全粒粉クッキーを使いました。

材料（直径15cmの丸型・底が外れるタイプ1台分）

底生地

| 全粒粉クッキー（または全粒粉クラッカー）… 100g
| バター（食塩不使用）… 50g

チョコレート生地

| 製菓用チョコレート（ビター）… 120g
| バター（食塩不使用）… 90g
| 卵黄 … 2コ分（40g）
| 薄力粉 … 10g
| メレンゲ
| | 卵白 … （L）3½コ分（140g）
| | グラニュー糖 … 55g

粉砂糖（溶けないタイプ）… 適量

［全量2650kcal　調理時間1時間（ケーキを冷ます時間、休ませる時間は除く）］

つくる前にしておくこと

・底生地のバターは小さめの鍋に入れて弱火にかけ、溶かす。あるいは小さめの耐熱容器に入れ、ラップはせずに電子レンジ（600W）に45秒間ほどかけ、完全に溶かす（溶かしバター）。

・丸型の底にオーブン用の紙を敷いておく。

・オーブンは180℃に温めておく。

底生地をつくる

1

全粒粉クッキーはポリ袋に入れて麺棒でたたき、細かく砕いてボウルに入れる。溶かしバターを加え、ゴムべらで押しつけるように全体をよく混ぜる。オーブン用の紙を敷いておいた型に入れ、手でギュッと押さえて隙間なく敷き詰める。180℃のオーブンで8分間焼き、型に入れたまま冷ます。オーブンの温度を160℃に下げる。

5

3に4の約¼量を加え、つやが出るまで泡立て器でよく混ぜ合わせる。残りのメレンゲを加え、全体が均一になるまで、底からすくうように大きく混ぜ合わせる。

2

耐熱ボウルにチョコレートとバターを入れる。ボウルより一回り大きめのフライパンに湯を3cm深さまで入れ、ボウルをのせて中火にかける（湯煎）。チョコレートとバターが溶けてきたら泡立て器で混ぜ、完全に溶けたら湯煎から外す。

3

卵黄を溶きほぐして **2** に加え、よく混ぜ合わせる。薄力粉を加えてよく混ぜ合わせる。

4

メレンゲをつくる。別のボウルに卵白とグラニュー糖の⅓量を入れ、白っぽくなって大きな泡が立つまでハンドミキサーの高速で泡立てる。残りのグラニュー糖を加え、さらに泡立てる。つやが出て泡が細かくなってきたら低速に落とし、すくうと先端が軽く曲がるくらいになるまで泡立て、きめを整える。

6

メレンゲの筋が見えなくなったらゴムべらにかえ、きめを整える程度に大きく5回ほど混ぜる。

7

1 の型の側面の内側にオーブン用の紙を側面から2cmほど高くなるように巻く。深めのバットにのせて天板に置き、底生地の上に **6** を流し入れる。バットと天板の間に熱湯を2〜3cm深さまで注ぎ、160℃のオーブンで22分間、湯煎焼きにする。型に入れたまま冷まし、冷蔵庫に一晩おいて冷やし固める。

8

底が平らで高さのある器などに **7** を型ごとのせる。側面に蒸しタオル*を巻きつけて温める（写真上）。タオルを取って側面の型を下に押して外す（写真下）。側面の紙、底の型と紙を外し、粉砂糖を茶こしで上面にふる。

*ぬらして堅く絞ったタオルを電子レンジ（600W）に2分間ほどかける。冷蔵庫で冷やし固めた生地は蒸しタオルで温めると抜きやすい。

ダークチェリーのチョコレートケーキ

ブラウニー風のチョコレートケーキです。
表面はサクッと軽やかで、中はしっとり濃厚。
混ぜて焼くだけとは思えないほど、
リッチで上品な味わいが楽しめます。
ダークチェリーの甘酸っぱさが、チョコによく合います。

材料（18×18×高さ5cmの角型1台分）

ダークチェリー（缶詰）… ½缶（220g）

A
| グラニュー糖 … 25g
| レモン汁 … 大さじ½
| シナモンパウダー … 小さじ½

製菓用チョコレート（ビター）… 150g

バター（食塩不使用）… 100g

上白糖 … 120g

溶き卵 … （L）約1⅔コ分（100g）

ココアパウダー（無糖）… 10g

ブランデー … 大さじ⅔

B
| 薄力粉 … 40g
| アーモンドパウダー … 50g

［全量2900kcal　調理時間1時間（冷ます時間は除く）］

つくる前にしておくこと

・バターは常温に戻しておく。

・Bは合わせてふるっておく。

・角型にオーブン用の紙を敷いておく（下記参照）。

オーブン用の紙を28cm四方に切り、型に沿わせて折り目をつける。四隅の折り目に1か所ずつ切り込みを入れる（写真左）。四隅の切り込みを交差させ、型に敷き込む（写真右）。

・オーブンは160℃に温めておく。

1　ダークチェリーをコンポート風に甘く煮る。

2　ココアパウダーを加えて、ダークチェリーに合うビターな風味に仕上げる。

3　ダークチェリーは汁けをきり、バランスよく並べる。

ダークチェリーを煮る

1　鍋にダークチェリーと缶詰のシロップ約カップ½を入れ、Aを加えて中火にかける。煮立ってきたら弱火にして5分間ほど煮る（写真1）。火から下ろして冷ます。

生地をつくる

2　耐熱ボウルにチョコレートを入れる。ボウルより一回り大きめのフライパンに湯を3cm深さまで入れ、ボウルをのせて中火にかける（湯煎）。溶けてきたら耐熱のゴムべらで混ぜ、完全に溶けたら湯煎から外す。

3　別のボウルにバターと上白糖を入れてゴムべらでなじませる。泡立て器にかえ、白っぽくなるまでよく混ぜる。溶き卵を加えてよく混ぜ合わせる。

4　3に2のチョコレートを加えてよく混ぜ合わせる。ココアパウダーを加え、さらに混ぜ合わせる（写真2）。ブランデーを加えて混ぜる。

5　ふるっておいたBを加え、ゴムべらでなめらかになるまでよく混ぜ合わせる。

焼く

6　オーブン用の紙を敷いておいた型に5を流し入れて表面をならし、1を汁けをきって均等に並べる（写真3）。天板にのせて160℃のオーブンで35分間焼く。天板の手前と奥を入れかえて5分間焼く。表面が乾いた感じになったら焼き上がり。湿っていたら、さらに5分間ほど様子を見ながら焼く。型ごと網にのせて冷まし、紙ごと取り出して紙を外す。

フォンダン風
チョコカップケーキ

表面はサクッ、中はふんわりしっとりの
チョコレートケーキから、ガナッシュがトロリ。
甘さを控えめにして、チョコの風味を立たせました。
温度によって食感が変化するので、
焼きたて、常温で冷まして、冷蔵庫で冷やしてと、
いろいろな食べ方を楽しんでください。

材料（直径6×高さ4cmの紙製マフィンカップ6コ分）

ガナッシュ

　生クリーム（乳脂肪分35%）… 50㎖

　製菓用チョコレート（ビター）… 60g

　ブランデー … 大さじ½

生地

　バター（食塩不使用）… 110g

　上白糖 … 65g

　卵 … (L) 1コ（60g）

　卵黄 … 1コ分（20g）

　製菓用チョコレート（ビター）… 90g

　A｜薄力粉 … 60g
　　｜アーモンドパウダー … 35g
　　｜ココアパウダー（無糖）… 5g

好みのドライフルーツ

　（アプリコット、クランベリー、いちじく、
　　オレンジピールなど）… 適量

好みのナッツ

　（ピスタチオ、ヘーゼルナッツ、アーモンド、
　　ピーカンナッツなど／ローストしたもの）… 適量

［1コ分450kcal　調理時間1時間（ガナッシュを冷や
し固める時間、ケーキの粗熱を取る時間は除く）］

つくる前にしておくこと

・バターは常温に戻しておく。

・ガナッシュのチョコレートは粗く割るか刻んで、ボウ
　ルに入れておく。

・Aは合わせてふるっておく。

時間がたってガナッシュが固まっ
てもおいしく、また違う味わいが
楽しめます。ガナッシュをトロリと
させたい場合は、電子レンジで軽
く温めてください。

ガナッシュをつくる

1

生クリームは耐熱容器に入れてラッ
プはせずに、電子レンジ（600W）に
50秒間かけ、沸騰直前まで温める。
チョコレートを入れたボウルに加え、
泡立て器でなめらかになるまでよく
混ぜ合わせる。ブランデーを加え、よ
く混ぜる。小さめの容器にラップを
敷き、ガナッシュを流し入れる。冷蔵
庫で1～2時間、冷やし固める。
オーブンを160℃に温める。

生地にガナッシュを入れて焼く

5

紙製マフィンカップを天板に並べ、
直径1.5cmの丸形口金をつけた絞
り袋に4を入れて少量ずつ絞り入れ
る（カップの底が見えなくなるまでが
目安）。中央に1のガナッシュを小さ
じ1強（10g）ずつのせる。残ったガ
ナッシュはとっておく。

絞り袋がなければ、スプーンで生地を
すくい入れましょう。

生地をつくる

2

別のボウルにバターを入れ、ゴムべらでクリーム状にする。上白糖を加えて泡立て器でよくすり混ぜる。卵と卵黄を加えてよく混ぜ合わせる。

3

耐熱ボウルにチョコレートを入れる。ボウルより一回り大きめのフライパンに湯を3cm深さまで入れ、ボウルをのせて中火にかける（湯煎）。溶けてきたら耐熱のゴムべらで混ぜ、完全に溶けたら湯煎から外す。**2**に加えてよく混ぜ合わせる。

4

ふるっておいた **A** を加え、粉っぽさがなくなるまでゴムべらで混ぜ合わせる。

6

残りの生地を均等に、**5**のガナッシュを覆い隠すように型の八分目まで絞り入れる。

7

160℃のオーブンで15分間焼く。天板の手前と奥を入れかえて、さらに5分間焼く。紙カップのまま網に取り出し、粗熱を取る。

焼きたてをこのままアツアツで食べてもおいしいです。

仕上げる

8

とっておいたガナッシュを小さな耐熱容器に入れ、電子レンジ（600W）に10秒間ほどかける。柔らかくなったら、**7**の上面にスプーンで等分に塗る。好みのドライフルーツとナッツを飾る。

コティのスペシャリテ

ここでご紹介するのは、ずっと長い間、

たくさんのお客様から愛されてきた、

コティの看板ともいえる、とっておきのスペシャリテ。

なかには、お店とはちょっと違う表情にしたり、

レギュラーではなくイベントでしか店頭に出ない

レアなメニューもあったりします。

前半の「きほんの焼き菓子」より少し手間はかかるかもしれませんが、

その分、つくりがいはあると思います。

私がコツコツと守り続けたコティの味を、

ご家庭で楽しく味わっていただけたら幸いです。

キャラメルナッツのタルト

ビターな味のキャラメルクリームに、ナッツがザックザク！
軽い食感のタルト生地とのバランスが絶妙な、
コティでダントツ人気のキャラメルナッツのタルトです。
お店では小さなタルト型で焼いていますが、
大きい型でドーンと豪快に焼き上げました。

材料（直径18×高さ3cmのタルト型・底が外れるタイプ1台分）

タルト生地

- **A** バター（食塩不使用）… 45g
- 粉砂糖 … 25g
- 溶き卵 …（L）⅙コ分（10g）*1
- **B** 薄力粉 … 60g
- アーモンドパウダー … 10g

アーモンドクリーム

- バター（食塩不使用）… 50g
- 三温糖 … 50g
- 溶き卵 …（L）⅚コ分（50g）*1
- アーモンドパウダー … 50g

キャラメルクリーム

- 三温糖 … 100g
- 生クリーム … 100㎖
- バター（食塩不使用）… 40g

好みのナッツ（食塩不使用／ローストしたもの）*2 … 160g

レーズン*3 … 30g

粉砂糖（溶けないタイプ）… 適宜

強力粉（なければ薄力粉／打ち粉用）… 適量

［全量3750kcal　調理時間1時間（生地を休ませる時間、タルトを冷ます時間、粗熱を取る時間は除く）］

- ＊1　合わせて卵（L）1コ分。
- ＊2　アーモンド、ヘーゼルナッツ、ピーカンナッツ、ピスタチオなど。
- ＊3　好みのドライフルーツでもよい。なければ省いてもよい。

つくる前にしておくこと

- ・タルト生地に敷くオーブン用の紙を準備する（左記参照）。
- ・タルトストーン（タルト用の金属製のおもし）を準備する。
- ・タルト生地とアーモンドクリームのバターは常温に戻しておく。
- ・生地の**B**は合わせてふるっておく。
- ・ナッツは好みの大きさに刻んでおく。

オーブン用の紙を22cm四方に切って四つ折りにし、角を丸く切り落とす。3cm深さの切り込みを2cm間隔で入れ（写真上）、開く（写真下）。

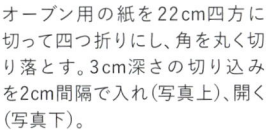

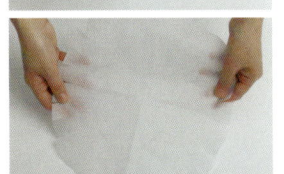

タルト生地をつくって焼く

1

ボウルにAを入れ、ゴムべらでよく混ぜる。なじんだら溶き卵を加え、泡立て器でよく混ぜ合わせる。ふるっておいたBを加え、ゴムべらでボウルに押しつけるように混ぜ合わせる。粉っぽさがなくなったら一まとめにしてラップで包み、冷蔵庫で2〜3時間休ませる。
オーブンを180℃に温める。

2

台に打ち粉をして1をのせ、麺棒で型より一回り大きくのばす。

3

型にのせ、縁に沿って指で押さえて敷き込む。

生地がだれやすいので、手早く作業しましょう。

アーモンドクリームを加えて焼く

7

アーモンドクリームをつくる。ボウルをきれいにしてバターと三温糖を入れ、泡立て器で白っぽくなるまでよく混ぜ合わせる。溶き卵、アーモンドパウダーを順に加え、そのつどよく混ぜ合わせる。

8

6の生地に7を流し入れ、ゴムべらでならす。天板にのせ、180℃のオーブンで12分間焼く。

9

天板の手前と奥を入れかえて、表面に焼き色がつくまで、様子を見ながらさらに5分間ほど焼く。型ごと網にのせて冷まし、型から外す。

4

型の上の中央に麺棒を置いて前後に転がし、余分な生地を落とす（写真上）。指で縁をきれいに整える（写真下）。

落とした生地は丸めて平らにし、タルト生地と一緒に焼けば、クッキーとして楽しめます。

5

切り込みを入れたオーブン用の紙を 4 のタルト生地に敷き、タルトストーンをのせる。

6

天板にのせ、180℃のオーブンで15分間焼く。天板の手前と奥を入れかえ、さらに5分間焼く。焼き色がついたら型ごと網にのせて冷まし、タルトストーンとオーブン用の紙を外す。

焼き色がつかなければ、タルトストーンとオーブン用の紙を外し（やけどに注意）、様子を見ながらさらに3分間ほど焼きましょう。

仕上げる

10

キャラメルクリームをつくる。小さめの鍋に三温糖を入れて弱火にかける。耐熱のゴムべらで混ぜながら、全体が黒っぽく濃い色になるまで加熱する。生クリームとバターを加えて混ぜ、火を止める。

生クリームとバターを加えると、蒸気が出て沸き上がるので、やけどしないように気をつけましょう。

11

小さめのボウルにナッツとレーズンを入れる。 10 のキャラメルクリームを手早く加え、ゴムべらで混ぜ合わせる。

12

11 をすぐに 9 に流し入れて、箸などでナッツとレーズンを全体に行き渡らせる。粗熱を取り、好みで粉砂糖を茶こしでふる。

すぐに食べられますが、冷蔵庫で1〜2時間冷やして落ち着かせると、さらにおいしくなります。

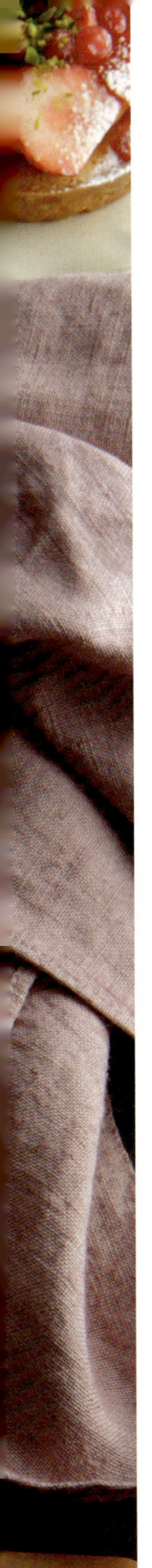

いちごのタルト

季節のフルーツでつくるタルトは、フィナンシェ同様、
コティの看板メニューです。中でも、いちごのタルトは大人気。
サクッ、ホロッとライトな食感のタルト生地に、
アーモンドクリームとカスタードクリームを重ね、
フレッシュないちごをたっぷりと飾ります。

**材料(直径8cmのタルト型・
底が外れないタイプ6コ分)**

タルト生地

A	バター(食塩不使用) … 35g
	粉砂糖 … 20g
溶き卵 … (L) ⅙コ分(10g)	
B	薄力粉 … 50g
	アーモンドパウダー … 10g

アーモンドクリーム

バター(食塩不使用) … 60g
三温糖 … 60g
溶き卵 … (L) 1コ分(60g)
アーモンドパウダー … 60g

カスタードクリーム

牛乳 … 150㎖
バニラビーンズ[*1] … 2cm
卵黄 … 3コ分(60g)
上白糖 … 35g
薄力粉 … 15g
バター(食塩不使用) … 5g

いちご … 24コ
レッドカラント(冷凍)[*2] … 適宜
粉砂糖(溶けないタイプ) … 適量
ピスタチオ … 適量
強力粉(なければ薄力粉/打ち粉用)
　… 適量

[1コ分400kcal　調理時間1時間30分(生
地を休ませる時間、タルトを冷ます時間、
粗熱を取る時間は除く)]

*1　なければバニラエッセンス少々でもよい。
*2　赤すぐりの実。

つくる前にしておくこと

・耐油・耐水性のグラシンカップ(8Fサイズ)、また
　はオーブン用の紙を型より一回り大きな円形に切っ
　たものを6枚準備する。
・タルトストーン(タルト用の金属製のおもし)を準
　備する。
・タルト生地とアーモンドクリームのバターは常温に
　戻しておく。
・タルト生地のBは合わせてふるっておく。
・いちごはヘタを取り、好みの大きさに切っておく。
・ピスタチオは粗く刻んでおく。

タルト生地をつくる

1

ボウルにAを入れ、ゴムべらでよく混ぜる。なじんだら溶き卵を加え、泡立て器でよく混ぜ合わせる。ふるっておいたBを加え、ゴムべらでボウルに押しつけるように混ぜ合わせる。粉っぽさがなくなったら一まとめにしてラップで包み、冷蔵庫で2～3時間休ませる。

アーモンドクリームをつくる

2

ボウルをきれいにしてバターと三温糖を入れ、泡立て器で白っぽくなるまでよく混ぜ合わせる。溶き卵、アーモンドパウダーを順に加え、そのつどよく混ぜ合わせる。ラップをして使う直前まで冷蔵庫で冷やす。

カスタードクリームをつくる

3

鍋に牛乳とバニラビーンズをさやごと入れて中火にかけ、沸騰させる。火を止め、バニラビーンズのさやを取り出す。別のボウルに卵黄と上白糖を入れて手早くよく混ぜ合わせ、薄力粉を加えてよく混ぜ合わせる。温めた牛乳の半量をボウルに加えてよく混ぜ合わせる。

タルト生地を型に敷いて焼く

7

台に打ち粉をして1をのせ、手で直径5cmの棒状にする。包丁で6等分に切る。

8

1コずつ麺棒で型より一回り大きくのばす。型にのせ、縁に治って指で押さえて敷き込む。

生地がだれやすいので、手早く作業しましょう。

9

型からはみ出た生地は包丁で切り落とす。

落とした生地は丸めて平らにし、タルト生地と一緒に焼けば、クッキーとして楽しめます。

4

牛乳を温めた鍋にボウルの卵液を戻し入れ、泡立て器で混ぜながら弱めの中火にかける。

5

もったりとして鍋底が見えてきたら（写真上）、耐熱のゴムべらにかえて焦がさないように混ぜながら、よく火を入れる。つやが出てフツフツとしたら火を止め、バターを加えて（写真下）よく混ぜ合わせる。

6

火から下ろしてすぐに小さめのボウルやバットに移し、手早く表面にラップをピッチリとはりつける。温かいまますぐに冷凍庫に入れて急冷させ、冷めたら冷蔵庫に移す。

表面にラップをはりつけるのは、クリームを雑菌に触れさせないため。また、ラップを密着させないと、蒸気による水滴が落ちて、クリームが傷みやすくなります。

オーブンを180℃に温める。

10

天板に9を並べ、タルト生地にグラシンカップを敷いてタルトストーンをのせる。180℃のオーブンで10分間焼く。天板の手前と奥を入れかえて、さらに5分間焼く。焼き色がついたら型ごと網にのせて冷まし、グラシンカップとタルトストーンを除く。

焼き色がつかなければ、タルトストーンとグラシンカップを外し（やけどに注意）、様子を見ながらさらに3分間ほど焼きましょう。

アーモンドクリームを入れて焼く

11

口径6〜10mmの丸形口金をつけた絞り袋に2のアーモンドクリームを入れ、10の縁ギリギリまで絞り入れる。180℃のオーブンで10分間焼く。天板の手前と奥を入れかえて、さらに5分間焼く。型ごと粗熱を取り、型から外して網にのせ、冷ます。

仕上げる

12

6のカスタードクリームをゴムべらでなめらかになるまで混ぜる。きれいにした丸形口金をつけた絞り袋に入れ、11に縁を5mmあけて等分に絞る。いちごをのせ、好みでレッドカラントを凍ったままのせる。粉砂糖を茶こしでふり、ピスタチオを散らす。

レモンのタルト

「いちごのタルト」と土台は同じなのに、
トッピングをアレンジするだけで印象がガラリと変わります。
レモンジャムのキリッと強めの酸味と
カスタードクリームのやさしい甘さの対比を楽しんでください。
レモンは苦みが出るので皮は除き、香りより酸味を生かします。

材料(直径8cmのタルト型・底が外れないタイプ6コ分)

レモンジャム
- レモン … 2コ
- 上白糖 … 90g
- 白ワイン … 200㎖
- バニラビーンズ* … 5cm

タルト生地
- A
  - バター(食塩不使用) … 35g
  - 粉砂糖 … 20g
- 溶き卵 … (L) ⅙コ分(10g)
- B
  - 薄力粉 … 50g
  - アーモンドパウダー … 10g

アーモンドクリーム
- バター(食塩不使用) … 60g
- 三温糖 … 60g
- 溶き卵 … (L) 1コ分(60g)
- アーモンドパウダー … 60g

カスタードクリーム
- 牛乳 … 150㎖
- バニラビーンズ* … 2cm
- 卵黄 … 3コ分(60g)
- 上白糖 … 35g
- 薄力粉 … 15g
- バター(食塩不使用) … 5g

粉砂糖(溶けないタイプ) … 適量

ピスタチオ … 適量

強力粉(なければ薄力粉/打ち粉用) … 適量

[1コ分420kcal　調理時間1時間30分(レモンの粗熱を取る時間、生地を休ませる時間、タルトを冷ます時間、粗熱を取る時間は除く)]

*なければバニラエッセンス少々でもよい。

レモンジャムが余ったら

レモンジャムが余ったら、パンに塗ったり、ヨーグルトに入れて楽しみましょう。

つくる前にしておくこと

・耐油・耐水性のグラシンカップ（8Fサイズ）、または
オーブン用の紙を型より一回り大きな円形に切った
ものを6枚準備する。

・タルトストーン（タルト用の金属製のおもし）を準備
する。

・タルト生地とアーモンドクリームのバターは常温に
戻しておく。

・タルト生地の **B** は合わせてふるっておく。

1　レモンの白いワタに含ま
れるペクチンで、自然なと
ろみがつく。

2　半量くらいまで煮詰める
ととろみがつき、レモンが
透き通って柔らかくなる。

3　レモンジャムはカスタード
クリームをすっぽりと覆う
ようにならす。

レモンジャムをつくる

1　レモンは両端を切り落として黄色い皮をむき（白い
ワタは残す）、1cm厚さの輪切りにして種を除く。鍋
に入れ、上白糖、白ワインを加え、バニラビーンズ
をさや付きのまま加え、中火にかける（写真1）。煮
立ったら弱火にして40〜50分間、じっくり煮る。

2　レモンがクタクタになったら火を止め（写真2）、粗
熱を取る。バニラビーンズの種を耐熱のゴムべらで
しごき出してジャムに混ぜ、さやは除く。

3　フードプロセッサーに **2** を入れてかくはんし、ピュ
レ状にする。ボウルに移してラップをし、使うまで冷
蔵庫で冷やす。

タルト生地をつくる

4　P.78「いちごのタルト」のつくり方 **1** と同様につくる。

アーモンドクリームをつくる

5　P.78「いちごのタルト」のつくり方 **2** と同様につくる。

カスタードクリームをつくる

6　P.78〜79「いちごのタルト」のつくり方 **3**〜**6** と同
様につくる。

タルト生地を型に敷いて焼く

7　P.78〜79「いちごのタルト」のつくり方 **7**〜**10** と同
様につくる。

アーモンドクリームを入れて焼く

8　P.79「いちごのタルト」のつくり方 **11** と同様につく
る。

仕上げる

9　**6** のカスタードクリームをゴムべらでなめらかにな
るまで混ぜる。きれいにした丸形口金をつけた絞
り袋に入れ、**8** に縁を1cmあけて等分に絞る。**3** の
レモンジャムを適量ずつのせ、パレットナイフなど
で表面をならす（写真3）。中央をあけて粉砂糖を
茶こしでふり、中央にピスタチオをのせる。

ショコラマロン

しっとりショコラにマロングラッセがシャリッ、クランブルがサクッ。
食感の妙が楽しい、コティの定番ケーキは、
カカオのほろ苦さとラム酒の香りが効いた、大人の味わいです。
お店では小さな型で焼きますが、
家庭でつくりやすいサイズにアレンジしました。
焼き上がりの表面にできた割れ目は、冷めると自然に閉じます。

材料（18×8×高さ6cmの パウンド型1台分）

マロンペースト

| マロングラッセ（割れたもの）… 150g
| ラム酒（ダーク）… 50mℓ

クランブル

| バター（食塩不使用）… 10g
| きび糖 … 10g
| **A** | アーモンドパウダー … 15g
| | 薄力粉 … 10g

生地

| 製菓用チョコレート（ビター）… 100g
| バター（食塩不使用）… 90g
| 上白糖 … 50g
| 溶き卵 …（L）1½コ分（90g）
| ココアパウダー（無糖）… 15g
| ラム酒（ダーク）… 20mℓ
| **B** | 薄力粉 … 65g
| | アーモンドパウダー … 20g

［全量2610kcal　調理時間1時間10分 （粗熱を取る時間は除く）］

つくる前にしておくこと

・バターはクランブル用、生地用のどちらも常温に戻 しておく。

・生地の **B** は合わせてふるっておく。

・パウンド型にオーブン用の紙を敷いておく。

・オーブンは160℃に温めておく。

1

鍋にマロングラッセとラム酒を入れて弱火にかけ、耐熱のゴムべらでつぶしながら混ぜる。

2

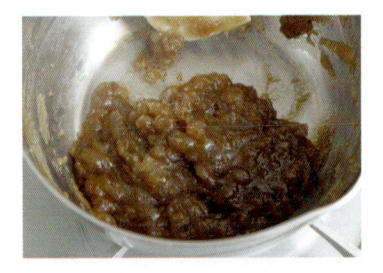

水分がとんで、少し粒が残るくらいのペースト状になったら、火から下ろして粗熱を取る。

3

耐熱ボウルにチョコレートを入れる。ボウルより一回り大きめのフライパンに湯を3cm深さまで入れ、ボウルをのせて中火にかける（湯煎）。溶けてきたら耐熱のゴムべらで混ぜ、完全に溶けたら湯煎から外す。

7

3のチョコレートを加え、よく混ぜ合わせる。ココアパウダー、ラム酒を順に加え、そのつどよく混ぜ合わせる。

8

2のマロンペーストを加えてよく混ぜ合わせる。

9

合わせてふるっておいたBを加え、ゴムべらでよく混ぜ合わせる。

4

別のボウルにクランブルのバターときび糖を入れ、ゴムべらで混ぜる。なめらかになったらAを加え、ゴムべらで切るように混ぜ合わせる。

5

ポロポロのそぼろ状になったら、ラップをして使うまで冷蔵庫で冷やす。

6

別のボウルにバターと上白糖を入れ、ゴムべらでなじませる。泡立て器にかえ、白っぽくなるまですり混ぜる。溶き卵を加えてよく混ぜ合わせる。

10

粉っぽさがなくなったら、オーブン用の紙を敷いておいた型に入れる。

11

上面に5のクランブルを散らす。天板にのせ、160℃のオーブンで30分間焼く。天板の手前と奥を入れかえて、さらに10分間焼く。

12

生地の中央に竹串を刺してみて、少量の乾いた生地がつけば焼き上がり。竹串を刺してドロッとした生地がつくようなら、さらに5分間ほど様子を見ながら焼く。型ごと網にのせ、粗熱を取る。型から外し、紙をはがす。

ラズベリーロールケーキ

コティのロールケーキは、食べごたえがあるクラシックタイプ。
卵黄と卵白を別立てでつくるシートスポンジ生地は、
ふんわりと軽やかながらも、しっかり弾力のある口当たりです。
ラズベリージャムと混ぜるクリームは、
ボソッとするまで堅く泡立てることがポイント。
生地とのバランスがよく、しっかりと味わえます。

材料（24×31×深さ4cmの天板1台分）

ラズベリージャム
| ラズベリー（冷凍）… 75g
| グラニュー糖 … 35g
| レモン汁 … 小さじ1

シートスポンジ生地
| 牛乳 … 30㎖
| バター（食塩不使用）… 25g
| 薄力粉 … 50g
| 卵黄 … 3コ分（60g）
| メレンゲ
|　| 卵白 …（L）3コ分（120g）
|　| グラニュー糖 … 45g

A | 生クリーム … 180㎖
　 | グラニュー糖 … 35g

粉砂糖（溶けないタイプ）… 適量

［全量1870kcal　調理時間50分（シートスポンジ生地を冷ます時間、ロールケーキを冷蔵庫で冷やす時間は除く）］

つくる前にしておくこと

・天板にオーブン用の紙をオーブンの深さに合わせて敷いておく。
・オーブンは180℃に温めておく。

ラズベリージャムをつくる

1

小さめの鍋にジャムの材料を入れ、耐熱のゴムべらで混ぜながら弱火にかける。ラズベリーの形がくずれ、少しとろみがつくまで煮詰める。ゴムべらで鍋底に筋が描けるくらいになったら火から下ろし、容器に移して冷ます。

シートスポンジ生地をつくる

2

鍋をきれいにし、牛乳とバターを入れて中火で沸騰させ、火を止める。薄力粉を加え、ゴムべらでよく混ぜ合わせる。

3

粉っぽさがなくなったら、すぐにボウルに移して卵黄を加え、ハンドミキサーの中速で手早くよく混ぜ合わせる。なめらかになり、すくうとしばらくしてトロッと落ちるくらいになったら混ぜ上がり。

生地が堅いようなら、牛乳適量（分量外）を少しずつ加えて、なめらかになるまで混ぜましょう。

7

天板の手前と奥を入れかえて、さらに3分間焼く。紙ごと天板から外し、網にのせて冷ます。紙を生地からそっとはがす。

ラズベリークリームをつくる

8

ボウルにAを入れ、ハンドミキサーの高速でしっかりとした堅さになるまで泡立てる。ボソボソとして、すくうとボテッと落ちるくらいが目安。

9

1のラズベリージャムを加え、ゴムべらで底からすくうように大きく混ぜ合わせる。

		焼く
4	**5**	**6**

メレンゲをつくる。別のボウルに卵白とグラニュー糖の⅓量を入れ、白っぽくなって大きく泡立つまでハンドミキサーの高速で泡立てる。残りのグラニュー糖を加え、さらに泡立てる。つやが出て泡が細かくなってきたら低速に落とし、すくうと先端が軽く曲がるくらいになるまで泡立て、きめを整える。

4に3を加え、メレンゲの泡をつぶさないように、ゴムべらで底からすくうように大きく混ぜ合わせる。

オーブン用の紙を敷いた天板に5を流し入れ、カードで表面をならす。180℃のオーブンで8分間焼く。

仕上げる

10	**11**	**12**

オーブン用の紙をシートスポンジ生地より15cmくらい長めに切る。水を入れた霧吹きで台をぬらし、オーブン用の紙を縦長に貼りつけるように敷く。7のシートスポンジ生地を置き、9のラズベリークリームをのせる。手前と奥が少し薄めになるように、パレットナイフまたはナイフで全体にのばす。

台をぬらすのは、生地を巻きやすくするためです。

オーブン用の紙の手前を麺棒にひと巻きして持ち上げ、巻きすの要領で一気に向こう側に巻き込む。

麺棒を外して形を整える。紙ごとラップで包み、冷蔵庫で1時間ほど冷やす。茶こしで粉砂糖を全面にふり、好みの大きさに切る。

いちごのショートケーキ

お菓子づくりを始めたら、挑戦したい憧れのケーキ。
実はお店には出していないのですけれど、
スポンジ生地が自慢の、私のひそかな自信作。
スポンジ生地は、しっとりときめ細かく、
ふんわりと軽やかに焼き上がる配合にしました。
デコレーションは、あまり神経質にならずに、
ラフに楽しみましょう。

材料(直径15cmの丸型・底が外れるタイプ1台分)

スポンジ生地
- 卵 … (L) 2コ(120g)
- 卵黄 … 1コ分(20g)
- グラニュー糖 … 75g
- A
  - 薄力粉 … 55g
  - コーンスターチ … 15g
- B
  - 牛乳 … 15㎖
  - バター(食塩不使用) … 15g

デコレーションクリーム
- 生クリーム(脂肪分35%以上) … 320㎖
- グラニュー糖 … 50g
- バニラエッセンス … 適量

いちご … 13〜15コ
粉砂糖(溶けないタイプ) … 適量
好みのフルーツ(あれば/ベリー類など) … 適宜
セルフィーユ … 適宜

[全量2280kcal　調理時間1時間(冷ます時間は除く)]

つくる前にしておくこと

- ・Aは合わせてふるっておく。
- ・Bは小さめの耐熱ボウルに入れて電子レンジ(600W)に30秒間かけ、バターを溶かしておく。
- ・いちごはヘタを取り、10コは縦3〜4mm厚さに切る。残りは飾り用で、そのままでも好みの形に切ってもよい。
- ・丸型にオーブン用の紙を敷いておく。
- ・オーブンは170℃に温めておく。

1

ボウルに卵と卵黄を入れてハンドミキサーの中速で溶きほぐす。グラニュー糖を加え、ハンドミキサーの高速で泡立てる。すくうとリボン状に落ち、こんもり積もる堅さになったら、泡立て器にかえて軽く混ぜ、キメを整える。

2

ふるっておいたAを加え、ゴムべらで底から大きく返すように、ムラなく混ぜ合わせる。

3

バターを溶かしておいたBを加え、底から返すように、手早く混ぜ合わせる。

仕上げる

7

5の紙をはがして上下を返す。横に3等分に切り、底面を回転台にのせる。6をゴムべらでひとすくいほどのせ、パレットナイフでまんべんなく塗る。切ったいちごの半量を重ならないように並べる。

8

いちごの上に6をゴムべらでひとすくいほどのせ、パレットナイフでまんべんなく塗る。

9

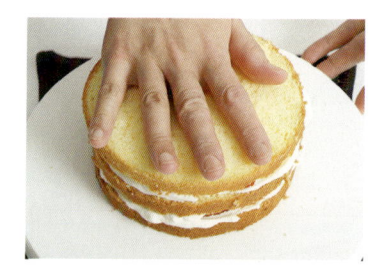

真ん中のスポンジケーキをのせる。7と同様に6を塗って、残りの切ったいちごをのせ、8と同様に6を塗る。上面のスポンジケーキをのせ、手で軽く押さえて落ち着かせる。

4

オーブン用の紙を敷いておいた型に**3**を入れ、表面を軽くならす。天板にのせて170℃のオーブンで25分間焼く。天板の手前と奥を入れかえ、様子を見ながら5〜10分間焼く。生地の中央に竹串を刺し、何もついてこなければ、焼き上がり。生地がつくようなら、さらに5分間ほど様子を見ながら焼く。

5

台に型ごと上下を返し、そっと型を外す。逆さまにしたまま冷ます。

6

ボウルにデコレーションクリームの材料を入れてハンドミキサーの中速で泡立てる。モコモコと泡立ってきたら低速にし、八分立てにする。すくうとツノの先が軽く曲がるくらいが目安。使うまで冷蔵庫で冷やす。

10

9の上面に**6**のクリーム適量をのせ、パレットナイフで上面全体を薄くならす。回転台を時計と逆方向に回しながら、側面を薄くならす(写真上)。上面に盛り上がったクリームを中央に向かってならす(写真下)。

11

10に**6**のクリーム適量をのせ、**10**と同様にして、1度目より厚めに2度塗りをする。

回転台がない場合、きれいに塗るのが難しいので、パレットナイフでクリームを厚めにすくい、ツノをたてるようにペタペタと塗りつけてラフな表情にしても。

12

好みの大きさの口金をつけた絞り袋に**6**のクリーム適量を入れ、**11**に絞る。粉砂糖を茶こしで全体にふる。飾り用のいちごと好みのフルーツを彩りよくのせ、粉砂糖を茶こしでふり、好みでセルフィーユをのせる。

材料と型について

コティの焼き菓子を支える材料

アーモンドパウダー

コティの焼き菓子には、たいていアーモンドパウダーを使っています。薄力粉と一緒にふるって生地に加えることが多いのですが、薄力粉だけでつくるより口当たりがしっとりとしてコクのある味わいに仕上がり、格段においしくなるからです。例えばP.46「カトルカール」のような、一般的にアーモンドパウダーを入れないお菓子にもプラスして、私ならではのレシピに仕上げています。

甘味料

お店ではお菓子に合わせて数種類の甘味料を使い分け、レシピによっては複数を合わせて甘さに表情をもたせています。主に使用する甘味料の特性を右記にまとめましたので、参考にしてください。

三温糖 … 上白糖よりコクがあり、生地がしっとり仕上がる。

きび糖 … ただ甘いだけでなく深みと広がりのある、風味のある甘さをもつ。

グラニュー糖 … サッパリとした、くせのない甘さで主素材の味の邪魔をしない。泡立てが大事な生地に使う。

上白糖 … 主素材の味を邪魔せず、生地がしっとり仕上がる。

ブラウンシュガー … 黒砂糖に似た個性的な風味のある甘さをもつ。

粉砂糖 … あっさりした甘さで水分が出にくいので、タルトなど水分が多いと扱いづらい生地に使う。粉砂糖には「溶けないタイプ」もあるが、こちらはデコレーション専用に使う。

はちみつ … コクのある甘さをつけるため、翌日以降もしっとりしたおいしさをより保つために使う。

薄力粉

薄力粉にはドルチェ、バイオレットなど数種類ありますが、私は北海道産のドルチェを使っています。ドルチェはどっしりした焼き菓子に向いていて、バイオレットはフワフワの軽いお菓子に向いています。

打ち粉

打ち粉とは、生地がくっつかないように、台や麺棒にふる粉のことです。粒子が粗くサラサラとしていて、手につきにくい強力粉を使います。薄力粉は粒子が細かくベタつきやすいので打ち粉にはあまり向いていませんが、どうしても強力粉を準備できない場合は薄力粉で代用しても。

卵

サイズはS、M、Lに分かれますが、焼き菓子にはLかMを使います。レシピによっては1コ、2コと割り切れる分量でなく、グラム表記のものもあるので、目安の重量を覚えておくと便利。全卵でLは約60g、Mは約50gで、卵黄の重量は、LとM、どちらも約20gです。

この本で使う型のラインナップ

フィナンシェ型

(P.8「フィナンシェ」、P.12「ショコラフィナンシェ」、P.14「ジンジャーフィナンシェ」、P.16「スパイスココフィナンシェ」、P.18「ベリーフィナンシェ」で使用)

お店ではだ円形の特殊な型を使っていますが、この本ではつくりやすいように、一般的なフィナンシェ型(8.5×4.5×高さ1.2cm)9〜10コを使います。

マドレーヌ型

(P.20「マドレーヌ」で使用)

この本では帆立て貝の形が6コ連結したタイプを使います。さまざまな形があるので、お好みで。生地がくっつかない表面加工のしてあるものだと、型にバターを塗る手間が省けます。

丸形口金

(P.22「ダックワーズ」、P.36「ショコラサンドクッキー」で使用)

絞り袋に取り付けてクッキー生地の成形に。口径6mmのものを使いますが、口径1cmまでなら、お持ちのサイズの口金でも。

クッキー型
（P.26「シンプルクッキー」で使用）

直径3cmくらいの型を使いますが、形もサイズもお好みのものを使ってください。型がなければナイフでカットしてもOKです。

パウンド型
（P.46「カトルカール」、P.52「ウイークエンドケーキ」、P.82「ショコラマロン」で使用）

標準的なパウンド型のサイズ・18cmタイプ（18×8×高さ6cm）。型によって幅や高さは微妙に異なるので、長さが18cmであれば大丈夫です。

丸型・底が外れるタイプ
（P.50「ヴィクトリアケーキ」、P.54「チーズケーキ」、P.60「チョコレートケーキ」、P.90「いちごのショートケーキ」で使用）

食べきりやすい直径15cmを使用。お菓子を取り出すときはコツが必要です（P.63「チョコレートケーキ」のつくり方8を参照）。

丸型・底が外れないタイプ
（P.56「いちじくのアップサイドダウンケーキ」で使用）

底が側面と一体になっていて直径15cmのもの。ケーキを取り出すときは、型の上下をひっくり返します。

角型
（P.64「ダークチェリーのチョコレートケーキ」で使用）

スクエア形の18cmタイプ（18×18×高さ5cm）。底が外れないタイプ、外れるタイプのどちらでも。

紙製マフィンカップ
（P.66「フォンダン風チョコカップケーキ」で使用）

直径6×高さ4cmで、耐油・耐熱の自立できる堅さのもの。カップを開くとお皿になるタイプもあり、プレゼントやアウトドアに便利です。

タルト型・底が外れるタイプ
（P.72「キャラメルナッツのタルト」で使用）

直径18×高さ3cm。大きいタルトは生地が割れやすいので、底が外れるタイプで。底を押し上げると、簡単に生地が取り出せます。

タルト型・底が外れないタイプ
（P.76「いちごのタルト」、P.80「レモンのタルト」で使用）

お店のタルトと同じ直径8×高さ1.5cmのタルト型を6コ使います。小さいタルトは生地が割れにくく外しやすいので、底が取れない一体型で。

天板
（P.86「ラズベリーロールケーキ」で使用）

ロールケーキのシートスポンジ生地は、天板に流し入れて焼きます。24×31×深さ4cmの天板ですが、お手持ちのオーブンの天板を使ってください。

小笠原朋子（おがさわら・ともこ）

東京武蔵野市の昔ながらの商店街にある「焼き菓子 co-ttie（コティ）」のオーナーパティシエ。幼少期から母の手づくりおやつを食べて育ち、自然とパティシエの道を目指すようになる。製菓学校を卒業後、ケーキ店、レストランのパティシエを経て、2008年に開店。安心の素材と価格でおいしい焼き菓子を供し、地元で愛される人気の焼き菓子店に。閉店前に完売になることもしばしば。評判を聞き、遠方から足を運ぶ熱烈なスイーツファンも後を絶たない。

ホームページ　https://www.co-ttie.com
インスタグラム　https://www.instagram.com/cottie2008/?hl=ja

アートディレクション・デザイン　遠矢良一（Armchair Travel）
撮影　ローラン麻奈
スタイリング　久保田朋子
協力　小笠原章子
校正　今西文子（ケイズオフィス）
栄養計算　ヘルスプランニング・ムナカタ
編集　宇田真子／米村 望、櫛田名緒（NHK出版）

※この本は『NHK きょうの料理ビギナーズ』テキストで掲載した
　レシピに新しいレシピを加え、再編集したものです。

焼き菓子コティ
街の小さなお菓子屋さんの
焼き菓子レシピ

2024年11月20日　第1刷発行

著　者　小笠原朋子
　　　　©2024　Ogasawara Tomoko
発行者　江口貴之
発行所　NHK出版
　　　　〒150-0042　東京都渋谷区宇田川町10-3
　　　　電話 0570-009-321（問い合わせ）
　　　　　　　0570-000-321（注文）
　　　　ホームページ　https://www.nhk-book.co.jp

印刷・製本　大日本印刷